大展好書　好書大展
品嘗好書　冠群可期

大展好書　好書大展
品嘗好書　冠群可期

道學文化3

黃海德／編著

# 天上人間

## ——道教神仙譜系

大展出版社有限公司

# 編委會

# 總序

中華道學歷史源遠流長，内容博大精深，既是中華民族的文化精華，又是世界文明的寶貴財富。

道家歷來崇尚黄帝。黄帝是中華民族的創始者，五千年的偉大中華文明皆同黄帝有着千絲萬縷的聯繫，現在我們中國人仍然説自己是黄帝的子孫。先秦時代，道家之祖老子著《道德經》五千言，影響深遠，道家思想遂蔚爲『顯學』。道教創立，奉老子爲教主，以其《道德經》爲主要經典，規定爲教徒必須誦習的功課，道家與道教融合而爲中華道學。幾千年來，它經過長期的演變和發展，積累成豐富的道學文化，對中國社會的政治、經濟、哲學、倫理道德、文學藝術、醫藥學、養生學、古化學以及民族心理、社會風俗等方面都産生了十分深刻的影響，起過相當重大的作用。因此，如果不瞭解中華道學的豐富內容，也就不可能全面、深刻地瞭解中國的歷史和文化。在現今中國建設現代化國家的過程之中，也需要吸取道學文化的精華，以推進中華民族的精神文明和物質文明建設。

一

中華道學文化的核心是『道』。那麼，什麼是『道』？

老子認爲，『道』是產生宇宙萬物的總根源，也是天地之間萬事萬物盛衰變化的總規律。《道德經》開章明義就講：『道可道，非常道；名可名，非常名。無名，天地之始。有名，萬物之母。』大道既無形象，又無名稱，不能用人類的語言和文字去形容它、描述它。《清靜經》說：『大道無形，生育天地；大道無情，運行日月；大道無名，長養萬物。』故大到宇宙空間，小到瓦礫微塵，無不有『道』的存在。《道德經》四十二章說：『道生一，一生二，二生三，三生萬物。』學者們評述說，這是老子在中國哲學史上首次提出的宇宙創生模式。對於這些話，我是這樣理解的：『道』即是無形無象的浩然正氣，在宇宙還未形成之前的混沌時期，由浩然之氣將混沌一分爲二，分出了陰陽天地；之後，又是浩然之氣運行日月，天生成萬物，地長養萬物，如此週而復始，永不停止，『獨立而不改，周行而不殆』。大道化生萬物以後，『生而不有，爲而不恃，長而不宰』，讓萬物自然生長，『夫莫之命而常自然』。

## 二

『道』的法則落實在社會層次方面，這就是人們的道德行爲規範。老子說：『人法地，地法天，天法道，道法自然。』按照『道』的原則行事，這個行爲規範的核心就是『清靜』、『無爲』和『自然』。也就是說，人們應該效法『天道』，體會天地自然的規律，順其自然地把握自己，成就高尚、完整的人生境界，才能獲得人生與社會的永恒。

人生一世，應該和諧、美滿與幸福，人們相互理解、幫助、支持，與自然相協調。但是，怎樣才能實現這樣的人生目標呢？我想首先應該做到道家的『清靜』。老子認爲『清靜可以爲天下正』，意即清靜是天下最高的法則，心清神靜，就可以處理好天下之事。道家的『清靜』並不是現代語言中的安寧寂靜之意，而是去私寡慾、摒除雜念的意思。在老子看來，這是一種最高的人生境界。老子認爲，一個人只有不斷地反省自己，剔除從外在環境沾染上的私慾雜念，才會像渾濁的流水一樣，靜止下來重新變清。人出生之時，自然純淨，一無所有，隨着生命歷程的展開，逐漸生出和沾染上種種慾念，如果不時時用淡泊寧靜的『道』來抵禦心中的私慾雜念，整日争名逐利，耽於聲色犬馬，就會迷失生活的方向，步入生命的歧途。人生路向誤導的結果，便是『甚愛必大費，多藏必厚亡』，爲身外之物破費精神，耗盡心力，到頭來一無所有，空拋却寶貴的人生。明於此，就當『致虛極，守靜篤』，堅守清靜自然之道，人生於是走上正軌。

『無爲』是道學的中心思想，早爲人們所熟知，但是相當多的人對它並沒有正確的理解，祇是望文生義地解釋爲『無所作爲』；其實，道家的『無爲』是順其自然，按照天道自然的法則辦事，不妄作爲的意思。老子《道德經》中說，『無爲而無不治』，『無爲而無不爲』，這才是『無爲』的真正宗旨。譬如人生處世，有人用淡泊寧靜的心與利於他人的觀念去面對世間一切事物，不貪婪，不存非分之想，總想爲社會做點力所能及的好事，用這樣的心情去對待家庭，尊老愛幼，『老吾老以及人之老，幼吾幼以及人之幼』。這樣，他就會受到人們的尊重，自身又無掛礙，無煩惱，既能適應繁忙的事務，又能神清氣爽，內心寧靜，得到充分休息，使體內的組織細胞保持正常的新陳代謝，滋養生息，長此以往，他自會身強體壯，延年益壽。這就是『無爲』的人生實踐。反之，如果有人總想『有爲』，貪慾之心太重，隨時想把別人的財富據爲己有，貪贓枉法，胡作非爲，『不知常，妄作凶』，每天都在煩惱與恐怖中生存，結果只能加速自身的死亡。人是天地之間一衆生，如果人人都用道家『無爲』的思想告誡自己，規範自己的行爲，用淡泊寧靜的心和利於他人的意念去生活，去工作，去創造，那麼人類自然就會和諧相處，社會自然得到平衡發展。

## 三

世人都有永生的願望，這是人類自古以來便有的傳統。從遠古開始，中國人的內心深處就藏着一個秘密願望——長生不老，不死長存。這樣的民衆心理，由中國道教神仙長生的生命哲學充分顯示了出來。道教信仰神仙長生，認爲世間具有上根之人通過修習神仙之道，可以使生命獲得永恒不朽。儘管到目前爲止，長生不死尚無實證，但長期以來道教對這一境界的追求却產生了不少有益於人類的寶貴文化遺產，在人類探索養生長壽之道的歷史進程中做出了獨特的貢獻。

道家與道教的生命科學實踐，主要有道教醫學、道教養生學、道教仙學三個方面的內容。道教醫學與中醫學有密切的血緣關係，但又以其祝由、秘方、氣功診病治病等構成獨立於中醫之外的獨特醫療治病系統。道教養生學包括導引行氣（即今之氣功）、食養食補及日常生活等方法、技術和理論。它構成了中國傳統養生學和保健學的主體與基本內容。道教仙學包括內丹、外丹等修仙之術，雖然其中含有一定的宗教內容，但却對人體科學、智能開發以及古代化學等領域的研究實踐做出了重要貢獻。

道教主張『我命在我不在天』，即人的生命由自己控制掌握，人發揮自我主體能動性，可以延續生命的長度，提高生命存在的質量。這方面的途徑和方法是多種多樣的，可以歸結爲兩大方面：一方面是養生，一方面是道德修養。這種關於生命科學的歷史實踐，對於現代社會具有重大的現實意義。它在理論和方法手段上彌補了西方近現代醫學、保健學與實踐體系的不足。

首先，道家與道教主張在養生活動中應當身心並重、形神俱完、性命雙修；在形體保健中强調心智完整與道德修養的雙重意義。這種以修德養性爲養生第一要務的修道特徵，對於今天社會具有相當重要的指導意義。

其次，道學提倡全面養生，即從精神修養、飲食、鍛鍊以及日常生活衛生等各個方面來進行養生、發展身體、增進健康與延長壽命。道家和道教反對偏頗和單一的修煉，認爲生命是一個大系統，必須從各個方面、採用各種方法和手段來加以養護和發展。

其三，道家與道教認爲生命健康長壽的關鍵是人體內部精、氣、神的充盈旺盛。因而養生治身的原則是動静結合、内外結合、煉養結合、形神結合，重在提高與發展人的内在精神和生理水平。其手段方法也就不是那種激烈的運動和比賽，而是重視静養精神、内煉精氣、導引形體、飲食補養，從而構成了在世界醫療保健體系中，堪稱獨樹一幟的具有中國傳統文化特色的養生文化體系。

由此可知，道教養生的方法無疑對延長人的生命，充實人的生活具有重要的意義；然而，僅僅如此還是不够的，生命還欠缺了一方面，不能盡善盡美。要使生命發出光華，萬古不朽，還必須在道德上下功夫，通過自我努力，成爲道德上無懈可擊的君子。養生加道德實踐，這才是完美的人生，這才是生命的坦途，這才能够不朽。這就是道教生命哲學的主體性原則。

道教認爲，要想從根本上解脱生死的煩惱，使人生走向永恒，必須加强身心的修煉，過一種合乎道德的生活。道教經典從《太平經》、《清静經》到後來民間流行的功過格，都提倡人生在世，應該多行善事。一個行善的人，光明正大，心中充滿正氣，活得自在踏實，所謂『爲人不做虧心事，半夜敲門心不驚』，這種充滿浩然正氣的心態對生理健康大有好處。人的長壽是由心理健康和生理健康交互作用而完成的，一個具有善良意志的人，心地是清静無爲的，摒棄了種種邪惡慾念，一心向善，自然有利於身體安康。

總之，德行充實者必會長壽，這是道教用『道』指導人生解決生命問題的一個準則，它對於世界文明和人類健康長壽事業具有重大的價值。

道教認爲，要想長生不老，僅有個人的道德實現是不完美的，還必須濟世救人，利他利民，建功立德。如果僅滿足個人的修煉，只能拯救自我的生命，這是很不够的，而且不能證道成仙。只有廣建陰德，濟物救世，行種種方便，做無量善事，拯救普天之下人們的生命，自己的生命才能得到拯救。道教文化中保存了許多中華民族的美德，如孝敬父母，敬老恤孤，憐貧憫疾，先人後己，損己濟物，助人爲樂，濟人貧困，解人之厄，扶人之危，抑惡揚善等等。這些美德都值得發揚光大，以淨化社會的空氣。

道教不僅試着解決生命的最終歸宿，而且熱切關懷生命存在的質量高低問題，也就是關心世人是否生活得幸福快樂。

## 四

怎樣才算是幸福生活？古今中外的哲學家、宗教家都在探討這一問題。古希臘的哲人德謨克里特告訴人們：幸福不在於佔有畜羣，也不在於佔有黄金，它的居處是在我們的靈魂之中。古希臘的另一大哲人亞里斯多德認爲，人的心靈可分爲『理智德性』和『道德德性』兩大部分，人們衹要具備了這兩種德性，並進而使兩者處於有秩序的和諧狀態，就進入幸福和至善的境界。所以他認爲，幸福就是心靈完全合於德行的活動。老子以『無爲』作爲人類本性和最高的道德，認爲『道常無爲』。無爲包含有無慾的意思在内，這種無慾無爲的道德，老子又把它叫做『自然』，講『道法自然』。人按照道的這種無爲無慾生活即是幸福。老子讚美『貴柔』、『知足』、『不爭』等品行，在道德修養方法上主張『少私寡慾』、『爲道日損』、『滌除玄覽』等。認爲據此修行，人生就可以免禍得福。

道教的幸福觀可以説與以上中外哲人的思想頗有異曲同工之妙。道教認爲，幸福不在於佔有物質財富的多寡，物慾的滿足並不意味着就是幸福。比如餐宴過度之後，人們常常感到腸胃的痛苦便是一例。道教同樣認爲，精神的因素在幸福中佔有很大的比例，主張精神上逍遙自在，不爲外面的花花世界所勾引，不爲外物所染，心靈便清靜明亮。心如赤子，知足常樂。精神上與至善的德行合拍，人就生活得充實美滿。

道教繼承老子，主張無慾無爲。所謂無慾，不是禁慾，不是『存天理，滅人慾』，而是合理地控制自己的慾望。人慾是貪得無厭的，如不加以控制，就會走火入魔，縱慾傷身，談何幸福？所謂『樂極生悲』，就是縱慾過度，帶來的只是痛苦。因此合理控制自我慾望，既不縱慾，也不禁慾，適度得中，就找到了幸福的感覺。

所謂『無爲』，並不是坐享其成，什麼事也不幹，而是不妄爲，不亂來。比如君子愛財，取之有道，這就不是胡作非爲，就屬於『無爲』的範疇。搞假藥假酒，以假冒僞劣產品坑人騙人，甚至不惜圖財害命，這就不屬於道教講的『無爲』，而是屬於『有爲』。有爲必傷生，最終弄巧成拙，在人生舞臺上演出一幕幕悲劇，哪裏還有幸福可言？所以按照『無爲』的原則生活，就是讓自己的行爲合乎自然規律，合乎道德規範，過一種合乎理性的生活。無慾無爲，效法自然，按照這一原則去生活，去體證生命，相信一定會達到一個新的人生境界。

## 五

成都恩威集團與四川省社會科學院聯合創辦了『中華道學文化研究中心』，其宗旨是『弘揚中華文化，光大民族美德，繁榮學術研究，促進社會文明』。爲此，中華道學文化研究中心邀請了一批在道教研究方面卓有建樹的專家、學者，編撰了這套『道學文化』叢書，包括有道教醫學、道教內丹與養生學、道教倫理、道教神系、道教儀禮、道教文學、道教音樂、道教宮觀等方面的內容。旨在客觀介紹，以使熱心中華文化的社會各界人士對道學文化有一客觀、正確、全面的瞭解。在此基礎上，我們再進而發掘這座思想文化的寶庫，用之於當用之處，無疑將對現代社會的發展起到一定的推動作用。我相信，炎黃子孫，同心協力，必能使中華民族之傳統文化發揚光大！

薛永新

# 目錄

# 引言　論道教神系與中華文化

今天的中國文化，是各民族平等互助、團結共進的東方曙光，用道家的古語來說，就是『東來之紫氣』。今天的中國文明，是五千年文明演變昇華的成果。綜合起來考察，它既有着久遠而廣泛的歷史根源，也存在着中國人文地理的特殊因素。在荒蕪的中亞沙漠之東，遼闊的鮮卑大草原之南，以黃河、長江為中心，包括東海、南海諸島（如臺灣、海南、南沙、西沙等島），如此廣袤的自然地域裏，形成了舉世聞名的『中華文化』。

在此文化圈中，漢、壯、彝、藏、白、苗、羌等兄弟民族，自遠古時代起就具有密切的同源關係。經歷數千年久遠的歲月，許多民族互相影響、交融，形成文化方面的共同特徵，而許多原先同族的人們又分裂演化為同源異支的民族。衆多的客觀事實，說明中國文化確實具有多元的特性。

道教是中國文化的組成部分之一，所以，在它的教義內容與神靈崇拜中也必然反映這一多元的事實。道教理論中就包含了中國歷史上諸子百家之學與各地區各民族的方士巫術之學。而道教的神靈也包括了廣大中土的各種崇拜對象與各民族的神靈。

中國古代道教神靈的塑立，從早期起就沿着上層社會與下層社會的雙向方向發展：一方面，封建王朝逐漸確立了官方的神系；另一方面，中國民間也存在着大統編的『百神廟』。雖然正統道教自唐宋以來就塑造了『三清』、『四御』諸尊神，而民間流行的《寶卷》仍可以列入『齊天大聖孫悟空』、『馬耳大王』、『白娘娘』等，甚至有把『觀世音』與『關聖帝君』供奉在一起的現象。

就其性質而言，道教可說是具有較高倫理水平的一神教，同時又是容納百千神靈的多神教。由近代西方人類學家建立的宗教形態分類法，不一定完全適用於中國的道教。

中國道教的神靈，同古代的偶像崇拜甚有關聯，這可以從衆多的考古發掘中得到證實。早在原始社會末期，距今約五千年的遼寧省凌源縣牛河梁的積石冢羣址之中，在當時某部落的祭祀神壇上已有了接近真人大小的彩塑女神頭像。東北『紅山文化』的壇、冢顯現了五千年中華文明的曙光。

客觀的歷史事實說明，『北方古文化』並不亞於『中原文化』，而是組成中華文化『龍的傳人』的重要基因。凌源縣的祭壇，據考察已經是部落聯盟的祭祀中心。這表明在母系氏族的原始『圖騰』崇拜階段，當時的族團已經臨近國家雛形的門檻。另外，位於四川、湖南、湖北、河南交界區，五千年前的『巫山大溪文化』，也顯示了重要的母系崇拜現象：一個幼女的中心墓中，埋藏着豐富的玉器、陶器、蚌珠串和象牙圈。其中的雕刻人面玉飾、小陶龜，以及分圓空心陶球，或許即存在有神靈的意識。尤其是已經發現的七十四個刻劃符號，很可能是文字的雛形或萌芽。

四川廣漢三星堆發現的青銅立體鑄像，高約二米，銅神樹高約一點四公尺。這一批距今約三千年（商末周初）的青銅神像，是現今發現的最早最大的銅鑄神靈崇拜之實物。因此可以說神靈的偶像崇拜，中國很早就獨擅領先世界的精美技藝。

自公元前二五九年以來，由於印度孔雀王朝的阿育王宏揚佛法，開始出現了象徵佛教的法輪、脚印、菩提樹、象、馬等形象。

公元前二百年，統治古印度西北部的希臘國王彌蘭陀皈依佛教，近世在北印度鍵陀羅地區出土的最早的佛像，其面貌即是希臘形的。佛教中出現供奉的佛像，據推斷，大概與我國東漢永平年間（公元五八年－七五年）相去不遠。東漢之時，中國已有了佛像。如四川樂山的麻浩崖墓浮雕佛像，即非希臘形的。四川彭山縣出土的一佛二菩薩像已穿著印度的袈裟。再者四川蘆山東漢墓中的銅佛像，呈跪坐姿式，額上有吉祥誌。上述考古發現，皆體現了中國佛像的早期鑄造水平。但是所有這些佛像的造像，同三星堆的青銅神角相比，已晚了將近一千年。這說明中國最早的銅鑄神像，比約與孔夫子同時的釋迦牟尼還早五百多年。

至於陶質婦女偶像則更早，據專家考證，距今大約已有五千年的歷史。雖然在公元前六世紀時，希臘人已按照本民族的人面相貌塑造神像，但同中國相比，已晚得多了。確鑿的事例說明，古代人的偶像崇拜，在中國具有着歷史悠久的造像藝術淵源。

人們用臆想創造了神，並根據人自身的形象造作出了神的形象，千奇百怪的神靈實際上是人們的身體和心靈的偶像化。是人創造了神，而不是神創造了人。然而，神在被人創造之後，却逐漸成為人們心身的一種異化力量。

這種異化力量具有超自然的神力，又反過來統攝了人的身心，神聖化為人之身心的昇華的偶像。無數的人們懷着虔誠畏懼的心情，對之信仰傾倒，頂禮膜拜。世界廣大，人生有限，自然和社會的力量如此強大，人們出於迷惑、未知與愚昧，面臨着許多無法解決的痛苦和難題，遂千方百計地尋求心靈與形體的寄托所在，創造出了各種各樣安慰和平衡人們心靈的『神』。人們拜倒在神的威力之下，神也在人們的心上成聖了。

道教神靈的歷史淵源，可以追溯至遠古時代的原始崇拜。但道教形成以『三清』、『四御』為主體的整套神靈系統，却是自唐宋以來才逐漸由封建統治者所確立的。道教包括了中國民間信仰、巫術信仰的各種神靈，它實際是中國歷代各民族與各個地區，乃至外來宗教的各種神靈的總匯合。如傳說中的伏羲，煉石補天的女媧，瑤池西王母，開天闢地的盤古，開明獸（白虎神），東嶽大帝之子炳靈、華光等神靈，不一定僅為秦漢時代的中原民族所信奉。

道教諸神中的慈航真人與十二金仙中的文殊、普賢、燃燈等七仙也是從印度傳來的。因此，不妨這樣說，道教神靈是中國文化長期發展而形成的表層象徵，它們不僅是中國各族人民的巫、神薈聚之處，而且還融合了衆多外來的各種神人和聖人。

談到『中國文化』或『中原文化』，常易與『漢族文化』相混使用，實際二者是既有區別又有聯繫的。從宏觀的角度來看，所謂『漢族文化』是中國地域內各地區各民族文化的綜合文化體。從歷史上考察，它至少包括了齊、楚、燕、趙、韓、魏、秦、吳、越、巴、蜀、滇、夜郎諸文化。漢民族的形成是在漫長的歷史過程中融合許多民族逐漸完成的，因此，漢族的文化也是其它多種文化精華的提煉結晶。

從這個意義上講，中國文化不僅是黃河中游的中原正統文化，它還應該包含黃河與長江上游的『崑崙西山文化』與『長江中下游文化』，以及新疆青海區、蒙古西北亞區、東北遼河朝鮮區等地的文化內容。方塊象形字，本來是漢文化的象徵，但也為東亞其它民族所使用。方孔圓框錢原通行於秦漢中原之地，後來推廣到嶺南海外。從諸如此類的文化現象中可以看到，中國文化實在是整個東亞文明的綜合演進體。

概而言之，從縱的方面看，中國文化可以說是多源的，從橫的方面看，它也可說是一種多元文化。現今國內並存的五十六個民族共同創造着新興的中華文明和東方文化。這一綜合的文化整體，正在波瀾壯闊地掀起聲震世界的新文化建設的浪潮。

中國道教的神靈系統，具有十分龐雜的特點，它不僅有最高的主神，還有許多各級輔神和護法諸神。其實，這是中國本土地區不一、民族衆多的情況在宗教方面的綜合反映。西方的宗教學者，往往奉基督教或伊斯蘭教等『一神教』為高級宗教，而將道教視為比較落後的宗教，這種觀點其實是片面的。因為他們是用西方的宗教神格分類作準則，以此來衡量東方的宗教。

實際上，各個國家或地區都有它由於長期的歷史發展所形成的特點，應該具體情況具體分析，實事求是地作出客觀而公允的評價。

中國道教神系的構成是多方面的，既有統治階級有意識地加以統一整編的部分，也有民間任其自然發展而形成的神靈，還有無拘無束的自由散漫的神仙。

中國道教的神靈系統，從總體上看大致可以劃分成下面八大類：

一是由古代圖騰崇拜和自然崇拜演化而成的神靈；

二是祖先崇拜與聖賢英雄演變成的神靈；

三是封建社會大一統初期形成的五嶽、四瀆之神；

四是大一統中期的天地、四方、六合神靈，從城隍到土地；

五是大一統後期的三清、四御尊神；

六是從佛教中引入的神，如慈航真人、普賢真人等；

七是各個地區的地方諸神的聯合，包括民俗雜神、行業神等；

八是道教的祖師、神仙和隱逸之士。

從上面八類神靈可以看出，道教神靈的來源是多方面的，既有遠古社會自然崇拜的對象，也有由萬物有靈觀念演變發展而來的山川河流之神，還有吸收外來宗教的神，加以煉養飛昇的隱逸仙人，這些來源不一、神性各異的神人和仙人，組成了一個雜蕪龐大的道教神靈系統。這是中國道教在其漫長的歷史發展過程中所形成的獨有特性。

形成這特性的原因是多方面的。首先，由於中國本土疆域遼闊，民族衆多，地區不一，存在着語言習慣、風俗傳統、宗教信仰各不相同的狀況，這些語言、風俗、信仰等方面的差異，造成了各個民族各個地區所奉的神靈，其地位存在着很大的差別。譬如有些地區對本地神靈的崇拜供奉，實際高於封建國家欽定的最高主神。

其次，各個神靈的歷史傳說往往因宗教派系、民衆信仰、功德程度的差異而不盡相同。例如根據不同的民間傳說而創造的文化作品，像《西遊記》、《封神榜》、《東遊記》等，它們對其中神靈的來源、神力及其神權地位的描述，都各有不同。

再次，在道教神系中，女性神超越了封建統治者的限定而享有崇高的威信。如西王母、王母娘娘（玉皇大帝的配偶）、天妃、斗姥、三聖母（三個生育神）等神的地位很高。民間道門甚至有把『無生老母』作為一切天地神人之祖的現象。

最後還有一點，即道教神系中的地位高低，並非全由封建統治者欽定，大多數取決於現實中民衆的尊崇程度。隨着時代、環境的不同，神靈的地位可陞可降，由民衆賦予神以不同的權威。這是道教與其它宗教相區別的重要之處。

道教的神靈信仰是中國文化的曲折反映，它具有濃烈的民族特色，是我國古代文化的綜合化與通俗化的具體象徵。現在要對中國的哲學史、宗教史、民族史、文學史、民俗史等專門學科進行系統而完整的研究，就必須對道教神系進行深入的研究，不能忽略它在歷史上的存在。從文化發展的角度來看，道教諸神的形象及地區具有文、史、哲等多方面的含義：

其一，道教神系融合了儒、佛二教與中國的諸多民間信仰，這體現了中華民族自身的歷史融合性與中國民衆的選擇性。道教諸神按照它們各自在各個民族之中的權勢而排列着它們的神格地位。

其二，道教的『三清』、『四御』諸神實際上不過是道經『三洞』、『四輔』的象徵。而太上老君實是神性智慧（宇宙精神）的體現。佛教的觀音、文殊、普賢三位菩薩也在中國賦予了『仁』、『智』、『勇』諸方面的象徵意義。

其三，道教的民間諸神既有各民族的代表，如盤古王、華光、韋陀等，也有各地區人傑鬼雄的超人，如黃帝、關羽、梓潼、天妃等。它們完全體現了中華民族文化大融合的特點。這些神靈從地方雜神昇入統一神系既有歷史的因素，也存在着神功聖蹟的因緣。

其四，中國道教神系的排列體現着它們的歷史成長過程及人民性。同時，人民為之虛構出來的神權位置也受到了文學創作的影響和制約。如關羽、岳飛等神人，不論其人間貴賤都成了紀念神。

除上述提及的各點外，道教的神靈還有一個重要的特徵，那就是具有富有生活情趣的人情味。道教的尊神如玉皇大帝、東嶽大帝等，都有自己的皇后。張天師等真人皆有配偶。許多女神都有夫君，而自稱夫人、仙妃。

在文學著作《封神演義》、《西遊記》、《聊齋誌異》等書中反映的道教神靈鬼怪，也無不具有濃郁的生活人情味。

羣神有七情六慾，這是人間民俗的提煉和反映。古語云：『聰明正直之謂神。』但是有的道教神靈也要搞點惡作劇，甚至許多得道仙人還帶有酒、色、財、氣的凡心俗情，這證明所謂神仙也是現實中人的昇華與神化。

中國古代社會學是以人倫為本的社會，因此，這就使在中國本土產生的宗教——道教必然受到這一社會特性的影響。

道教神系中的許多大神不少是現實人的神化，如道教教祖之一的太上老君就是先秦哲人的神化，歷史上的許多高士、隱逸也是神。道教獨有的『神仙』，實際上是經過修煉而成的具有優異功行的傑出人物，自秦漢至明清，多有記載。中國的仙人相似於印度佛教中的『羅漢』，都是經過依法修煉而成的神。

不過印度的阿羅漢似乎很少女性，而中國的仙人不僅女性頗多，並且女性的尊神仙師也不少。因此，構成了道教以現實之人為本位的宗教特色。

中國道教文化研究所副所長
四川省博物館研究員　王家祐

癸酉孟春

# 一、關於道教神系

## 道教神仙

道教是中國本土特有的宗教，道教中關於神仙的學說是中國宗教文化的十分顯著的特徵。從世界文化的範圍來看，每一個國家，每一個民族，都有着具有自身特徵的宗教文化。西方的基督教產生以後，信奉唯一的耶和華上帝，而伊斯蘭教虔誠地信仰真主安拉，形成具有西方文化特色的一神教。

道教植根於中國文化，這是中外學者都公認的一個客觀歷史事實。我們現在所說的中國，

實際是數千年來居住在中華大地上的衆多民族共同創造的國家，由於客觀自然環境和社會歷史條件，早在古代就形成疆土遼闊，人口衆多，民族廣佈，信仰各異的特徵。因此，作為中國文化孕育產生的道教，也就自然形成內容龐雜、形態多樣的特徵。也正因為如此，道教的神仙信仰，並不是西方的一神教，而是尊奉主神的多神教。上至三清尊神、太上老君、玉皇大帝，包括護法神將、瑤池女仙、洞天仙人，下至城隍、土地、竈君、財神，建構了一個超然於『此岸世界』之上的虛無飄渺而瑰麗多彩的『彼岸神仙世界』。

神仙，是道教信徒理想的修煉得道、神通廣大、變化無方、長生不死的人。修道成仙，是道教徒終生追求的終極目標。在道教徒的心目中，通過長期的修煉，能够成為神仙，就意味着與『大道』融為一體。

關於神仙的傳說，早在先秦時代就已經在中土廣泛流傳。《莊子·逍遥遊》中說：『藐姑射之山，有神人居焉，肌膚若冰雪，倬約若處子，不食五穀，吸風飲露，乘雲氣，御飛龍，而遊乎四海之外。』而燕齊濱海一帶，傳說有蓬萊、方丈、瀛洲三神山，山上有仙人和不死之藥，禽獸盡為白色，所居宮闕都用金銀做成，『未至，望之如雲；及到，三神山反居水下』，這樣的事在司馬遷的《史記》中有詳細的記載。秦漢之際，經方士大力宣揚，神仙傳說在宮廷和民間的影響越來越大。據史書記載，秦始皇和漢武帝都曾專門派人到海上去尋找神仙和仙藥。《漢書·藝文誌》中列出的神仙家就有十家，其著作共有兩百多卷。

早期道教的經典《太平經》中描述了一些神仙的名稱，但是極不統一，比較雜亂。譬如，經中尊奉的至尊天神是『長生大主號太平真正太一妙氣皇天上清金闕后聖九玄帝君』，說帝君居『太空瓊臺洞真之殿，平玉之屋』，昇上清之殿，遊太極之宮，治十方之天，掌億萬兆庶，諸天河海，無不仰從，是宇宙的最高主宰。

書中另外還有『三皇五帝』的說法。說『天有三皇若三光，地有三皇若高下平，人有三皇若君臣民』，『天有五帝若五星，地有五帝若五嶽，人有五帝若五行五藏』，這是道教神系初創時期的情形，這樣的配搭顯得十分牽强。

魏晉以後，《列女傳》、《神仙傳》、《洞仙傳》等書先後迭出，記載了諸多仙真神人的故事。尤其是南朝道士陶弘景撰的《真靈位業圖》，第一次系統編排了道教神系的內容。由於歷史上道教發展階段不同，宗派不同，因此不同階段時的不同宗派所崇奉的尊神也不同，《真靈位業圖》基本上代表的是道教上清派的神仙體系。明、清之時，徐道編集的《歷代神仙通鑒》和葉德輝主持刊印的《三教源流搜神大全》相繼問世。從漢魏到明清，諸書記述的道教神仙約有一千多位，包括有上古的傳說人物，如黃帝、彭祖、廣成子等，道教歷代祖師，如張道陵、三茅真人、重陽祖師等人。

道教對於『仙』的信仰在宗教文化中尤其獨具特色。《釋名·釋長幼》說：『老而不死曰仙』。意思為能夠長生不老的人就可稱為『仙人』。《神仙傳》中對仙人作了許多形象生動的描述：或者聳身入雲，無翅而飛；或者駕龍乘雲，上造天階；或者化為鳥獸，浮遊青雲；或者潛行江海，翱翔名山；或者吸食元氣，闢穀茹芝；或者出入世間而人不識，或者隱其身而莫能見。仙人可以上天入地，可以潛江隱身，神通廣大，無所不能。

晉代葛洪的《抱朴子》將仙人分為三等：『上士舉形昇虛，謂之天仙；中士遊於名山，謂之地仙；下士先死後蛻，謂之屍解仙。』《天隱子》又將仙人分作五類：在人稱人仙，在天稱天仙，在地稱地仙，在水稱水仙，能神通變化稱神仙。《太真科》中又分為九品：上仙、高仙、大仙、神仙、玄仙、真仙、天仙、靈仙、至仙。既名目繁多，又有高下品位的差別。

總起來說，道教的『神』和『仙』都屬於一種宗教信仰，但是二者在內涵上是有所不同的。『神』是先天就存有的真聖，按《抱朴子》的說法，是屬於神異類，『非可學也』，比如三清尊神、玉皇大帝、南極仙翁等天界尊神，就不是世間的凡人通過修道能夠修成的；而『仙』卻是屬於後天的，凡是通過長期的修煉，最終達到長生不老的人，就是仙人。因此，千百年來激勵無數道教信徒抱朴守一、歷盡艱辛而百折不回、至誠信仰的就是長生不老、修道成仙。神是不可企盼的，只能向之頂禮膜拜，虔心信奉，而仙卻是可以修煉而成的。

就是說，在道教的信仰中，『此岸世界』和『彼岸世界』並不是截然分開的，人不須消除現實的存在，只要通過特定的修煉手段，就可以延長現實的生命，從而實現宗教信仰的理想。這是道教作為一種宗教文化而具有的顯著特徵。

## 天界與天尊

人間有人們生活的世界，天上也有神仙居住的世界，道教就將天上神仙的世界稱作天界。傳說天界是由最尊貴無上的『道』所化生的，共由三十六天組成。道經中說，『大道』無形無名，『先天地而生』，『在象帝之先』，是產生宇宙萬物的本源；由大道化生三元，三元衍生出玄、元、始三氣，由三氣產生天地，凡人生活於地下，神仙生活於天上。《魏書·釋老誌》最早提出三十六天的説法。書中說：『二儀（指天地）之間有三十六天，中有三十六宮，宮有一主』。是說三十六宮之中各有一位神仙主管，這些神仙加上護法天將、衆多星官等，就組成道教神系的天界尊神，統轄三界，職掌生死，呼風喚雨，無所不能。

據《雲笈七籤》卷二十一記述，道教的三十六天由下而上共分成六重天，它們依次分別是：第一重慾界六天，第二重色界十八天，第三重無色界四天，以上三重又稱作三界二十八天；第四重四種民天，第五重三清天，最上一重是大羅天。

第一重慾界六天，『有色有慾，交接陰陽，人民胎生，是故舉其重，因名為慾界』。是說在第一重天裏，有各種各樣的有形有名的物質存在，人們有着各種各樣的慾望，還有情感、夫妻和生育，因此叫做『慾界』。慾界六天的名稱分別是：太皇黃曾天，太明玉完天，清明何童天，玄胎平育天，元明文舉天，七曜摩夷天。

第二重色界十八天，據道經說，『其界有色無情慾，不交陰陽，人民化生，但散香無復便止之患，故曰色界』。色界比慾界上了一層，雖然仍有萬物存在，但是人民已經祛除了慾望和情感，没有生育，人民『化生』，因此叫做『色界』。從修道的層次上來說，似乎已經達到了斷除情慾，煉氣化神的階段。色界十八天也是由下而上，分別為：虛無越衡天，太極蒙翳天，赤明和陽天，玄明恭華天，曜明宗飄天，宗落皇笳天，虛明堂曜天，觀明端靜天，玄明恭慶天，太煥極瑶天，元載孔昇天，太安皇崖天，顯定極風天，始黃孝芒天，太黃翁重天，無思江由天，上揲阮樂天，無極曇誓天。這些天界的名稱讀來是極難理解的。

第三重天是無色界四天，這四重天，『無復色慾，其界人微妙無色想，乃有形長數百里，而人不自覺，唯有真人能見，故曰無色界』。從道經的這一段描述來看，無色界是已經消除了萬物和人的形態、昇華到了接近『陰陽之氣』的天界。生活在這重天界中的人能微妙變化，長至數百里，一般人看不見，只有『真人』能够看見。應予注意的是，道教在道裏講的『色』，不是今天意義上的色，而是指『有形之物』。無色界的四重天依次是：皓庭震度天，淵通元洞天，翰寵妙成天，秀樂禁上天。

第四重天，應該是進入了天界的高級階位。道經中說，這一重天又稱為『四梵天』，它們是常融天，玉隆天，梵度天，賈奕天。四梵天之中，『人斷生死，三災所不能及』，這重天中的人看來已經長生不老、修道成仙了。

第五重天為三清天，據早期的道經說，它們是太清境大赤天，上清境禹餘天，玉清境清微天，分別由神寶君、靈寶君和天寶君所居。第六重天為大羅天，大羅天最高，在玉清境玄都玉京之上，傳說是道教最高尊神元始天尊居住的地方。三清天和大羅天又合稱為『聖境四天』。

三十六天總由三寶君所統，從慾界六天以上，道經中說，『人壽命長，皆以黃金鋪地，白玉為階，珠玉珍寶，自然而有，雖復歡樂，並不像生死』。已與人間的景象迥然不相同。慾界、色界和無色界二十八天合稱三界，每一重天之中，都有一位帝王治理，『其天人皆是在世受持智慧上品之人，從善功所得，自然衣食，飛行來去，逍遙歡樂，但死生之限不斷，猶有壽命，自有長短，下第一天，人壽九萬歲，以次轉增之』。這些說法，皆是道教的神仙理論。

天尊是道教對天界神仙中最高尊神的尊稱。《魏書》中說，三十六天各有三十六宮，每宮各有一主，『最高者無極至尊，次曰大至真尊，次天復地載陰陽真尊，次洪正真尊』。這是道教前期階段的神仙之名，唐宋以後極為少見。

最早提出『元始天尊』的是南朝道士陶弘景的《真靈位業圖》，將他排列在神系圖中第一中位，稱『上合虛皇道君應號元始天尊』。《太玄真一本際經》解釋說：『無宗無上，而獨能為萬物之始，故名元始；運道一切為極尊，而常處三清，出諸天上，故稱天尊。』看來，『天尊』的白話解釋就是『最為尊貴的天神』。

天尊之中最著名的自然是『三清』尊神，即玉清元始天尊、上清靈寶天尊和太清道德天尊。道教宮觀中一般修建有三清殿，專門奉祀『三清』。《雲笈七籤》說，天尊有十種名號，依次是自然、無極、大道、至真、太上、道君、高皇、天尊、玉帝、陛下。天尊為一，自然、無極只是天尊的表現形態。另外道經中還有『三代天尊』之說，即過去元始天尊，現在玉皇天尊，未來金闕玉晨天尊。這種三代天尊的說法，似與佛教三世佛有關。此外，後來的道教神系中還有太乙救苦天尊、九天應元雷聲普化天尊等神仙。

## 道君與真人

道君是道教中神系中的高位天神，《登真隱訣》中說：三清九宮，並有僚屬，其高位者，稱為道君。道經中有多種道君的名稱。北宋後期，金人南下，徽宗皇帝處於內憂外患之中，曾經自封為『教主道君皇帝』，借用道教神仙的名號以圖得自我安慰，時人稱為道君皇帝。

道教的真人相當多，如南華真人，太乙真人、黃龍真人、長春真人等，有的是道教的祖師真人，有的是傳說的神仙。

真人的名稱，原來出於道家，指存養本性、體悟大道的人。《莊子·大宗師》說：有真人而後有真知。何謂真人？古人真人，不逆寡，不雄成，不謀士。是說修道之人，淡泊處世，不追求名利，不計較成敗，『不知悦生，不知惡死』，置生死於度外，最終纔能得道。作者並在《天下篇》中讚嘆老子和關尹子說：『關尹、老聃乎，古之博大真人哉！』

漢晉以後，道教將『真人』名稱神化為修道成仙的仙人。早期道教的經典《太平經》說，『真人職在理地』，其等級地位，『在大神之下，仙人之上』。《雲笈七簽》記述說，上清仙境有九真，分別為上真、高真、大真、玄真、天真、仙真、神真、靈真和至真。

## 天師與天君

天師是道教特有的稱號，人們最熟悉的自然是張道陵張天師。東漢時，張道陵在四川鶴鳴山精修至道，佈教化民，創立五斗米道。他的孫子張魯繼承其事業，在漢中傳道，建立了政教合一的地方政權，尊奉張道陵為『天師』。以後，張陵子孫世代承嗣『天師』尊號，至今已經傳了六十四代。另據《魏書·釋老誌》記載，北魏時道士寇謙之改革天師道，自稱遇上太上老君，被授予天師之位，並建壇設醮，大力傳播道教，形成南北時期的北天師道。但是後來道教仍然尊張道陵及其子孫後代為天師。

天君是道教神仙的名稱，一般指雷部諸神，如『中天炎火律令大神炎帝鄧伯温天君』，『負風猛吏銀牙曜目辛漢臣天君』等。《封神演義》中說，殷大臣聞仲為九天應元雷聲普化天尊，率領部下二十四位神仙催雲佈雨，鄧忠、辛環、張節、陶榮、金光聖等均為護法天君。

## 仙品與仙官

世間之人，做學問有功夫深淺的差別，作官有等級高下的不同；而在道教中，神仙也有等級不同的仙品與仙官。

仙品，是天界神仙按得道深淺的差別而分成的不同品級。《仙術秘庫》中說，『法分三乘，仙有五等』，將仙分為天仙、神仙、地仙、人仙、鬼仙五等。並稱天仙是無上上乘，神仙是上乘，地仙屬中乘，人仙屬下乘，而鬼仙是下下乘。《墉城集仙錄》又將『昇天之仙』分成九品：第一上仙，第二次仙，第三太上真人，第四飛天真人，第五靈仙，第六真人，第七靈人，第八飛仙，第九仙人。其實，道經中講的九品仙人，並無一個統一的說法，另外在《雲笈七籤》等經書中的九品仙人與此並不相同。

仙官是指天庭中有官爵的神仙。道經中說，上士得道者，就可昇為仙官。《漢武帝內傳》就有『位以仙官，遊於四方』之說。陶弘景的《真靈位業圖》記述說：玉清仙境以元始天尊為主，自九宮以上，上清以下，高真仙官，皆得朝宴焉。

不過，天界中天官的職位好像沒有人間官界那樣嚴格，在許多情況下，是憑各位神仙的本事行事，而不是靠神仙的官位。比如說，護法靈官、純陽祖師、三豐真人等在天庭神仙中的仙官品位並不高，但是他們在人間的影響遠比勾陳大帝、太一天神等要大得多。

# 二、玉京天神

## 三　清

在道教宏偉、肅穆的三清殿中，常供奉着三尊神態莊嚴的神像，這就是道教的最高尊神『三清』。三清，即玉清元始天尊、上清靈寶天尊、太清道德天尊。三清尊神是道家哲學『三一』的象徵。《老子道德經》說：『道生一、一生二、二生三、三生萬物。』由無名大道化生混沌元氣，由元氣化生陰、陽二氣，陰陽相和，由此產生天地萬物。又說：『視之不見名曰夷，聽之不聞名曰希，搏之不得名曰微。此三者不可致詰，故混而為一。』認為一化為三，三合為

三　清

一，『用則分三，本則常一』。後來道教人士以此衍化出居於三清之境的三清尊神，因此『三清』尊神在道教神系中位為至尊。

《道教義樞》卷七引《太真科》說：『大羅生玄元始三氣，化為三清天：一曰清微天玉清境，始氣所成；二曰禹餘天上清境，元氣所成；三曰大赤天太清境，玄氣所成』。據《雲笈七籤》和《道法會元》等道經記載，清微天玉清境，混洞太無元，其氣為青，真道昇聖境元始天尊（又稱天寶君）居之；禹餘天上清境，赤混太無元，其氣玄黃，仙道昇真境靈寶天尊居之；大赤天太清境，冥寂玄通元，其氣玄白，人道昇仙境道德天尊居之。同時，道教的三清尊神又是道教『三洞真經』的神化表現。

《雲笈七籤》卷六說：『《道門大論》云：三洞者，洞言通也。通玄達妙，其統有三，故云「三洞」。第一洞真，第二洞玄，第三洞神。』根據《道法會元》卷一清微神位的記載，清微聖祖玉清元始妙道上帝代表洞真經部，太玄輔之，傳道教清微派；清微玄祖上清靈寶玉宸大道君代表洞玄經部，太平輔之，傳靈寶派；清微始祖太清道德五靈玄老君代表洞神經部，太清輔之，正一盟威之道通貫三洞，傳道德派和正一派。

三清神的形成有一個歷史的過程。早期張道陵創立五斗米道時，尊奉的最高神是『太上老君』，另外比較重要的還有『三官神』。後來寇謙之改革天師道，也以太上老君為最高尊神，但已出現道教天尊的名稱。從現今所見的道經來考察，『三清』的名稱最早始見於南朝梁陶弘景所撰的《真靈位業圖》。該書排列神仙次序，分成七個階位（即七等級），每階設一中位。上第一中位，上合虛皇道君，應號元始天尊。第二中位，上清高聖太上玉晨元皇大道君。第三中位，太極金闕帝君，姓李。第四中位，太清太上老君，上皇太上無上大道君。其中明確提出了上清、太清的名稱，但「三清」尚未確定，並且第三位為「金闕帝君」，太上老君屈居於第四位。以後「三清」神名漸次演變發展，到唐代才形成定説。

《三洞珠褒》卷七引《老君聖蹟》説：「此即玉清境，元始天尊位，在三十五天之上也。太清境太極宮，即太上老君位，在三十三天之上也。」「三清」於是成為道教的最高尊神。

## 元始天尊

元始天尊，是三清之中的最高神，又稱為玉清元始天尊，是道教神系中的第一位神，《歷代神仙通鑑》稱他為「主持天界之祖」。他的地位雖然最高，但是出現却比太上老君遲。道教形成初期，並無「元始天尊」的名稱，《太平經》、《想爾註》等早期道經也没有記載。在中國古代的神話傳説中，也無來歷可尋。

根據道書，最早出現「元始」之名是題為晉葛洪著的《枕中書》。書中説：混沌未開之前，有天地之精，『號元始天王』，遊於其中，後二儀化分，元始天王居天中心之上，仰吸天氣，俯飲地泉。又經數劫，與太元玉女通氣結精，生天皇、西王母；天皇生地皇，地皇生人皇，其後庖羲、神農皆其苗裔也。南朝時，梁陶弘景的《真靈位業圖》才出現有『元始天尊』之名。該書第一階中位神為『上合虛皇道君』，應號『元始天尊』，說『玉清境元始天尊為主』。但該書另有一『元始天王』，列為第四中位左位第四神。

《隋書·經籍誌》賦予了元始天尊以諸神特性，稱他『生於太元之先，稟自然之氣…以為天尊之體，常存不滅。每至天地初開，…授以秘道，謂之開劫度人。……所度皆諸天仙上品，有太上老君，太上丈人、天真皇人、五方天帝及諸仙官』。隋代的道士並為天尊取名為『樂靜信』。隋唐之時，遂將古代神話傳說中的盤古與元始天尊混為一談。認為盤古是元始天尊的前身，治世功成，其靈化為元始天尊。這實際是為了提高元始天尊的神靈地位而造構的說法。

關於元始天尊的名稱，《初學記》卷二三引《太玄真一本際經》解釋說：『元宗無上，而獨能為萬物之始，故名元始。運道一切為極尊，而常處二清，出諸天上，故稱天尊。』《歷代神仙通鑑》說：『元者，本也。始者，初也，先天之氣也。』認為元始是最初的本源之義，為一切神仙之上，故稱『天尊』。

根據道經的描述，元始天尊稟自然之氣，在宇宙萬物產生以前就已經存在。他的本體是常存不滅的，即使天地全部毀滅，也絲毫不受影響。每當新的天地形成，天尊就下降人間，向世間之人傳授秘道，稱為『開劫度人』。所度者都是天仙上品，包括太上老君、天真皇人、五方天帝等神仙。天地新開，都有年號，稱為延康、赤明、龍漢、開皇等，年號之間相距有四十一萬年。元始天尊住在三十六天的最上一重『大羅天』中，所住的仙府叫做『玄都玉京』。玉京之中，黃金鋪地，臺階由玉石砌成，宮中有七寶、珍寶，中央和兩旁的仙殿中住有仙王、仙公、仙卿、仙伯、仙大夫等，這種氣派儼然同人間的帝王一樣。

從元始天尊的演變歷程來看，可以說，『元始』一詞原是道家敘述世界本源的哲學用語，後來道教中人將其神化，逐漸演變成為道教的最高尊神，居於三清之首。從歷史上考察，這是同道家演變為道教的歷史過程相符合的。

元始天尊，一般供奉在道教三清殿的中央，頭罩神秘圓光，手執紅色丹丸，或者左手虛拈，右手虛捧，象徵『天地未形，萬物未生』時的『無極』狀態，長期以來受到自帝王至民間善男信女的虔誠崇拜。

## 太上老君

道教神系中，雖然元始天尊的地位最高，但是人們廣泛熟悉的卻是太上老君，在『三清』神系中又稱作『道德天尊』。這位尊神如此廣受尊崇，然而他最早却不是神，而是人，他就是中國歷史上著名的哲學思想家——老子。

司馬遷《史記》記述說：老子姓李名耳，字伯陽，又稱作老聃，是楚國苦縣地方（今河南鹿邑）的人。他曾做過周朝的守藏室史，相當於國家圖書館和博物館的館長，博覽群書，通曉古今興亡之事。後見周室衰敗，於是辭職而去，西出涵谷關，留下《道德五千言》與關令尹喜，不知所終。他留下的著作後人又稱作《老子道德經》，它是『黃老之學』的丹經，即古代歷史哲學的精要格言，由於該書以『道』為最高範疇，因此自先秦以來人們都認為老子是先秦道家學說的創始者。西漢以後，老子逐漸被神化。

東漢延熹八年（一六五年），陳相邊韶著《老子銘》云：老子姓李，字伯陽，楚相縣人也。孔子年十有七，學禮於老聃。自伏羲、神農以來，世為聖者作師。《後漢書·襄楷傳》說：『宮中立黃、老、浮屠之祠。或言老子入夷為浮屠。』東漢後期，張道陵創立早期的道教教團組織五斗米道，奉老子為教主，以《老子》五千言為主要經典，宣稱『道』就是『一』，『一散形為氣，聚形為太上老君』，從此老子被神化為道教的始祖，長期受到人們的尊奉。

道經中記載有各種關於老子的神化傳說。晉代葛洪所著的《抱朴子》，稱他額有三理，

老子
言之道德
五千言不玄
藥不之儔
不言白日
昇青天
壽者飲

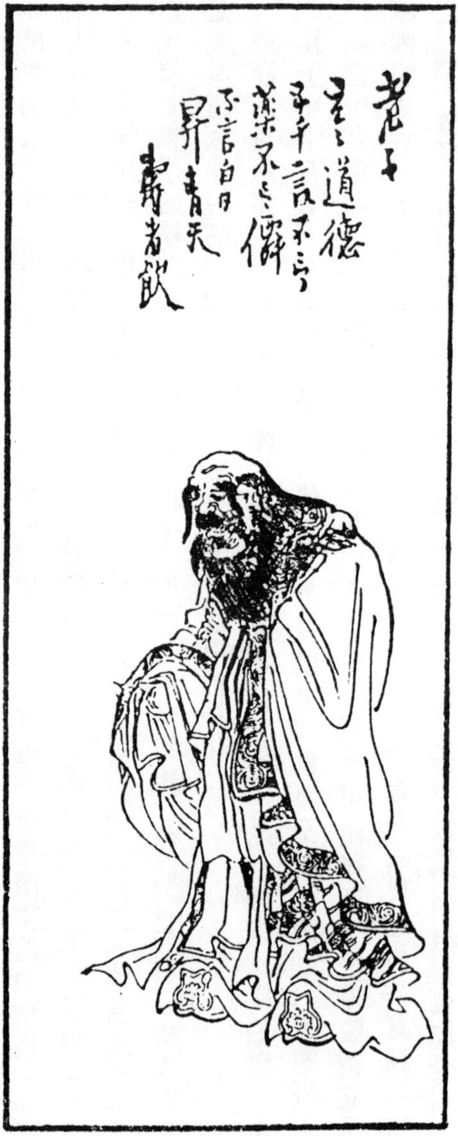

老　子

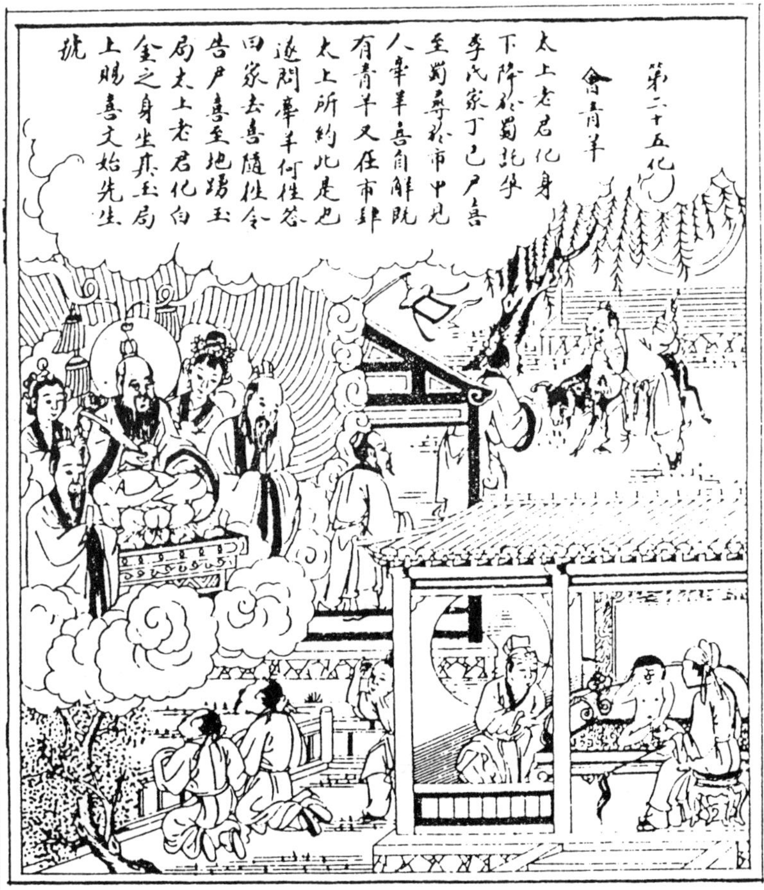
第二十五化
會青羊
太上老君化身
下降於蜀託孕
李氏家丁已尹喜
至蜀尋於市中見
人牽羊喜自解既
有青羊又往市肆
太上所約此是也
遂問牽羊何往答
曰家去喜隨往令
告尹喜至地踴玉
局太上老君化白
金之身坐於玉局
上賜喜文始先生
號

太上老君

足有八卦，身長九尺，耳垂齊肩，穿五色雲衣，住金樓玉堂，出行時以神獸為先導，青龍、白虎、朱雀、玄武隨行四周，頭上雷聲隆隆，電光閃閃，氣勢軒昂，威風凛凛，儼然為神仙道祖的氣派。

將老子稱為太上老君是從《魏書·釋老誌》開始的。書上說：道之原，出於老子，先天地而生，以資萬類，上為神王之宗，下為飛仙之主。這樣一來，太上老君把天上尊神和地下仙人全部管完，成為道教的最高天神。但是《魏書》不採取《史記》老子傳承譜系的說法，而另外抬出一位李譜文為老子的玄孫，說他『以漢武之世得道，領治三十六土人鬼之政』。

在南方，道教上清派却不承認北方編排的神系，抬出元始天尊來作為最高神，意在壓低太上老君的神位。在上清派道士陶弘景的《真靈位業圖》中，有三個神位與『太上老君』有關：一是第三中位，太極金闕帝君姓李；二是第四中位，太清太上老君；三是太極左位，老聃。

隋唐以後，道經中出現許多關於太上老君的傳說。《雲笈七籤》中說：老君的母親是元妙玉女，吞下太陽之精，懷孕八十一年後，從左腋生下老君，『生而白首，故號為老子』。《猶龍傳》更給老子加上各種名號，說他從三皇五帝以來，就成為歷代皇帝的老師。神農時的太成子，軒轅時的廣成子，帝堯時的務成子等，都是老子的化身。

周成王時老君為柱下史，號經成子；周昭王時西過涵谷關，度關令尹喜；西漢文帝時候降於陝河之濱，號河上公；漢成帝時降於琅琊，授于吉《太平經》；漢順帝漢安元年，老君降於蜀地鶴鳴山，授張道陵天師《正一盟威》秘録；北魏神瑞二年，降於嵩山，授道士寇謙之《雲中音誦新科之戒》；太武帝太平元年，又降令寇謙之授帝『太平真君』之號；唐高祖武德二年，老君降於羊角山，令吉善行轉告高祖，『我乃帝祖也』。關於太上老君的化身故事，各種道經中記述甚多，近世，四川青城山易心瑩道長曾印有《老子八十一化圖》。

唐宋時代，對老子的尊崇達到極盛階段。唐代皇室姓李，遂尊老子為祖宗。高宗時，追尊老君為太上玄元皇帝；玄宗加號為大聖祖大道玄元皇帝與大聖高上大道金闕玄元皇帝。宋真宗大中祥符年間，『祀老子於太清宮，加封為太上老君混元上德皇帝』（《集説詮真》）。

太上老君在三清中，不及元始天尊地位高，在明清時的民間信仰中，不及玉皇上帝擁有權勢，但在歷代都是道教尊崇的重要對象，各地普遍建廟宇予以奉祀。因為老君尊號為『太清道德天尊』，所以主祀他的宮觀一般稱作太清宮、老君殿或者老君廟。其中最著名的要數河南的太清宮和四川成都的青羊宮。

河南太清宮始建於東漢延熹八年（公元一六五年），在唐代時佔地八百多畝，雕樑畫棟，宏偉壯觀。後來毀於戰火，現存大殿是清朝初期重建的。唐末創建的成都青羊宮，據《蜀王本紀》說，相傳老子曾至此為關令尹喜敷演道法，該地至今仍是道教的著名宮觀。

總之，從古至今許多道教徒都相信太上老君是『無上大道』的化身，是永世常存、常分身救世的至尊天神，這是道教的根本信仰。他常端坐在三清大殿上或者太清宮、老君廟之中，皓首白髮，慈顏微笑，手搖太極神扇，注視着人世間的芸芸衆生。

## 靈寶天尊

靈寶天尊是三清中居於第二位尊神，一般又稱『太上道君』或者『上清靈寶天尊』。在《真靈位業圖》中稱為『上清高聖太上玉晨元皇大道君』。《道藏·三洞珠囊》引《老君聖紀》稱之為『太上大道君』。《雲笈七籤·道教本始部》又稱為『靈寶君』。這位尊神在道教神系中雖然地位很高，但是來歷不大明確，享受的香火也比較少。

據《古今圖書集成·神異典》引《洞真大洞真經》說，太上大道君為二晨之精氣，九慶之紫煙，寄胎於洪氏，育形為人，三千七百年後，誕生於西那天郁察山浮羅之嶽，於是位列高仙，萬神入拜，治玄都玉京，有金童、玉女各三十萬人侍行。

《洞元本行經》所記載的大略相同，只是說太上道君之號，為元始天尊所賜，以後『位登高聖，治元都玉京』。太上道君在道教早期經典中缺乏記載，來歷頗不明，有人懷疑是從太上老君衍生而來的。在道教三清殿中，靈寶天尊常常供奉在元始天尊的左邊，手持太極圖，或者手持玉如意，有些陪襯的意思。

## 四御

地上的皇帝有宰相輔佐，天界的三清尊神也有天神輔佐，這就是『四御』。四御又稱『四輔』，共由四位天神組成，他們是：

一、昊天至尊金闕玉皇上帝，住太微玉清宮，即洛劫天宮，又稱通明天宮，主持天道，總管天地人三界；

二、承天效法后土皇地祇，住承天效法宮，即蕊珠宮、雌一宮，執掌陰陽生育，大地山河萬物，是四御中唯一的女神；

三、紫微天皇上帝，亦稱『勾陳上宮南極天皇大帝』，住紫微上宮，即勾陳宮、南極降霄宮，主御群靈，執萬神圖；

四、中天紫微北極大帝，住高上紫微垣，即北極星宮、紫微天宮，執掌天經地緯，日月星辰，四時氣候。

從中國宗教發展歷史來看，道教的四御天神實際是由『六合』神演變而來的。中國古代的稱上下、四方為六合，各有神靈主管，以後在道教神系中逐漸演變為『六御』。宋代編成的《無上黃籙大齋立成儀》的經書中，在『三清』神後面排列了六位天帝，他們依次是：

一、統御萬天玉皇上帝；

二、統御萬雷勾陳大帝；

三、統御萬星紫微大帝；

四、統御萬類青華大帝（或用『東極太乙救苦天尊』）；

五、統御萬靈長生大帝；

六、統御萬地后土皇地祇。

以上六位天神，道經統稱為『昊天六御宸尊』。大約在南宋時期，六御逐漸演變成四御，形成定局。現在四川大足保存有多處道教石刻，其中兩處是南宋紹興年間（一一三一年—一一六二年）刻造的。其中舒成巖造像有玉皇上帝、紫微大帝、東嶽帝君、東嶽淑明皇后四位神仙；而南山的三清洞內在三清神像下面塑有六位神，四位男像，兩位女像。這說明當時的『四御』尊神還沒有定型，還處在由『六御』向『四御』演變的過程之中。後來，為了符合道經『四御』（即太清、太平、太玄、正一）的分類，去掉『青華大帝』和『長生大帝』，才形成明、清時期的『四御』格局。《道法會元》將『三清』、『四御』合稱為『七寶』，有詩說：『九九道成成至真，三清四御朝天節。』現在道教宮觀的四御殿中，四御尊神頭戴冕旒，身著朝服，雍容華貴，其形象完全相同於人間的帝王。

## 玉皇大帝

凡是熟悉中國文化的人，提起玉皇大帝的名字，可以說是無人不知，無人不曉。讀過《西遊記》的人都知道，這位玉皇大帝統轄天界、冥府所有神仙和鬼靈，包括雷公、電母、風伯、雨師、四大天王、二十八宿、太白金星、托塔天王以及十殿閻王等。在道經中，這位尊神的全稱是『昊天金闕至尊玉皇大帝』，他是四御中的最高神。實際在民間，玉皇的名聲和威望遠遠超出『三清』尊神。

雖然玉皇大帝在天界的地位很高，在人間的名聲很大，但在唐代以前卻鮮為人知，這是因為他的出現和定型是唐、宋時代的事情。追溯其起源，玉皇信仰應該是源於古代的『天帝』崇拜。在中國古代的宗教信仰中，有『帝』和『上帝』的稱號，一般指能支配主宰日、月、風、雨等自然現象和人間禍福、生死、壽夭、吉凶等社會現象的最高神。

西周以後，又稱為『皇天』、『昊天』、『天帝』等。當時的周天子宣稱自己是天帝的兒子，代天行使神權，統治萬民百姓，因此叫做『天子』。所以，每朝天子登基，都要祭祀皇天上帝，向天禱告，祈求皇天保佑，統治長久。

道教產生以後，將這位天上的帝王納入其龐大的神系，加以改造，但在南朝以前，他的地位並不高。《真靈位業圖》編排道教神系，有『玉皇道君』的名稱，排在神靈階次的玉清三元宮右位第十一；另有『高上玉帝』，排在玉清右位第十九。唐代時，玉皇已昇為掌管天界諸仙的尊神，其信仰在民間廣為流傳。如韋應物有《學仙》詩云：『昔有道士求神仙，靈真下試心確然。……存道亡身一試過，奏上玉皇乃昇天。』白居易《夢仙》詩也說：『人有夢仙者，夢身昇上清。仰謁玉皇帝，稽首前致誠。』

宋朝建立以後，大概出於政治統治的需要，宣稱趙氏先人是玉皇大帝派來的天尊神人，『奉玉帝之命，總治下方』。宋真宗大中祥符八年（一一〇五年），上玉皇大帝聖號為『太上開天執符御歷含真體道玉皇大天帝』。宋徽宗政和六年（一一一六年），又上玉皇尊號為『太上開天執符御歷含真體道昊天玉皇上帝』。

宋朝以後，道教中又有光嚴妙樂國王子修道成仙，證為玉皇大帝的傳說。道教經典《搜神記》、《高上玉皇本行集經》和《三教源流搜神大全》等書中都大致不離地記載了這樣的故事。說古代有個光嚴妙樂國，國王叫做淨德，王后名叫寶月光。淨德王長久無嗣，想有個兒子以托付社稷九廟，於是下詔國中道衆，依諸科教，六時行道，遍禱真聖。不外寶月光皇后夢見太上道君（《重增搜神記》作老君）送了一個嬰兒給她，覺而有娠，後來生下一個兒子，『幼而敏慧，長而慈仁』，經常用國中庫藏來賑濟孤寡窮人。國王駕崩後，太子就捨棄了他的國家，到普明香巖山中修道，功成超度，經常行藥治病，拯救衆生，令其安樂。『如是修行三千二百劫，始證金仙，號曰清淨自然覺王如來，又經億劫，始證玉帝』，後來成為『三才主宰』、『乾坤真主』。

這種傳説顯然是為了抬高玉皇大帝在道教神系中的地位，仿照釋迦牟尼頓悟成佛的故事而造構出來的。不管怎樣，在明、清以後，民間廣泛傳説玉皇大帝總管三界、十方、四生、六道；因此他在道教系中雖然地位不及三清尊神，但在民間信仰中却作為最高天神來看待。民諺説：『天上有玉帝，地下有皇帝。』玉帝統轄天神、地祇、人鬼，實際就是天上的皇帝。

幾百年來，民間各地建立了許多玉皇廟或者玉皇觀，玉皇大帝身着九章法服，頭戴珠冠冕旒，手捧玉笏，肅然端坐於廟堂之上，接受信衆的祭祀崇拜。道教宮觀也常在每年正月初九的玉皇誕日，舉行法會，誦經禮懺，祈禱風調雨順，道法興隆，國泰民安。從宗教文化史的角度來看，中國民衆對玉皇的信仰，應該説是一種民族的信仰。

## 紫微北極大帝

這位天神從名稱就可以看出來，同古代的星辰崇拜很有關係。北極，是北極星的簡稱，又稱作北辰。道教認為，北辰是永久不動的星，位於上天的最中間，位置最高，最為尊貴，是『衆星之主』，『衆神之本』，因此對它極為尊崇。紫微也是天文方面的名稱。我國古代將天上的恒星分成三區，叫做『三垣』，分別稱為紫微垣、太微垣和天市垣，據《步天歌》說，北極星宮即位於紫微垣之中，紫微垣又稱紫微宮，『天上有紫微宮，是上帝之所居也』，所以後來又將皇帝居住的地方稱為紫禁城。

道教神系中原來有四極大帝，他們是：北方北極紫微大帝，總御日月星辰；南方南極天皇大帝，總御羣靈；西方太極天皇大帝，總御萬神；東方東極青華大帝，總御萬類。紫微大帝的全稱『中天紫微北極太皇大帝』，是道教尊神『四御』之中的第二位神，其地位僅次於最高尊神『三清』和玉皇大帝，可見是相當尊貴的。

道經中說，紫微大帝是元始天尊的化身，僅受玉皇大帝支配，執掌天經地緯，統率三界星神和山川諸神，是一切現象的宗主，能呼風喚雨，役使雷電鬼神。紫微大帝產生以後，受到歷代帝王的禮祀，尤其在宋代，常與玉皇大帝一起奉祀。現在四川的大足等地，還可見到許多宋代刻造的道教神像，其中就有紫微大帝。這位天神一身帝王打扮，旁邊有威風凜凜的武將護衛，十分高貴威嚴。紫微大帝的神誕日相傳是農曆四月十八日。

# 勾陳南極大帝

勾陳大帝是道教尊神『四御』中的第三位神，他的全稱是『勾陳上宮南極天皇大帝』。別看這位天神與其他三御相比，現在名聲不大，但在宋代却是備受尊崇的，這同他執掌的職務有關。

勾陳天神同紫微大帝一樣，也是從星辰信仰演變而來。勾陳，又稱『鈎陳』，是天上紫微垣中的星座名，靠近北極星，共由六顆星組成。《星經》說：『勾陳六星在五帝下，為后宮，大帝正妃。又主天子六軍將軍，又主三公。』班固《西都賦》說：『周以勾陳之位，衛以嚴更之署。』道教建立以後，將鈎陳六星神化為天界尊神，尊為四御之一，宣稱他協助玉皇大帝執掌南北二極和天、地、人三才，統御衆星，並主持人間兵革之事。

宋朝時候，北方遼、金等國經常侵略邊界；而宋朝皇帝鑒於唐末五代邊將割據稱雄，中央政府難以控制，於是採取了弱邊固中的辦法，將精兵强將集中於京都，以駕御全國。這樣一來，就造成邊界兵弱，經常被動挨打的局面。宋朝皇帝為了保住自己的江山，經常派兵出征，進行交戰，所以幾百年中可說是戰爭不斷。打不贏人家，於是就祈求神的保佑。據史書記載，宋朝皇帝每次進行大型戰事之前，都要到神廟祭祀勾陳大帝，希望將勝利賜給帝室。所以勾陳南極大帝在宋朝時極為走運，一直地位尊崇，香火鼎盛。

## 護法四元帥

護法四元帥是道教神系中的四位護法天神。在道經中，關於護法四元帥的名稱，說法各有不同。比較流行的是《道法會元》中的四元帥之名：

一、天蓬玉真壽元真君；

二、天猷仁執靈福真君；

三、翊聖保德儲慶真君；

四、佑聖真武靈應真君；

同書卷十五說：『天蓬元帥寶印照我，天猷元帥仗劍衛我，翊聖真君持戟守我，玄天真武水火助我。』說明四位護法神所持的神器分別是玉印、寶劍、大戟、水火。另外，該書卷三十九還有一種四聖的提法，即『紫皇天一天君玉虛師相玄天上帝、天蓬元帥真君、天猷元帥真君、翊聖黑煞真君。這實際與上面的名稱大同小異，只是末位的真武君換為首位的玄天上帝，這可能是不同道派對護法四元帥的另一種稱呼。護法四位天神的產生，溯其淵源，也同古代的星辰崇拜有關。古代天文書中記有蓬星，《漢書・天文誌》說：『蓬星見西南，大如二斗器，色白。』王先謙《補註》說：『《古經》引《荆州占》云：蓬星，一名王星，狀如夜火之光，多即至四五，少即一二。』漢朝時候的人認為，蓬星出現，是主行王道，誅戮亂臣。據《漢書》記載，昭帝時蓬星出現在西方，宦者梁成恢說：不出三年，必有亂臣戮死於市，後來果然左將軍上官桀、驃騎將軍上官安與皇帝的姐姐長公主陰謀作亂，被皇帝發覺，誅殺於市。

《隋書・天文誌》又說：蓬星現，『則天下道術士當迂出者，天下太平』。又說：『蓬星出太微中，天子立王。』後來道教將上述蓬星的人為屬性，即行王道，誅亂臣，高道出，致太平，賦予四位天神，成為道教的護法神。

關於四元帥，道書中有很多記載，如《雲笈七籤》卷四十五《黃帝神咒》說：『天蓬天蓬，九元殺童，五丁都司，高刁北公。……炎帝烈血，北斗然骨，四明破骸，天猷滅類，神刀一下，萬鬼自潰。急急如太上帝君律令。』

《上清天蓬伏魔大法》說：『我上清董大仙於蜀城西明山修行上道，獨遇北極尊帝都天大元帥天蓬真君授文字三册。』又說：『天蓬一法以制邪為宗，治邪以火獄為主。』從各方面記述了四元帥護法降魔神威。

不僅如此，《道法會元》卷三十六還專門載有《清微馬、趙、温、關四帥大法》，列出了護法四元帥的姓名：馬靈耀（華光）、趙公明、温瓊、關羽。這四位元帥，是道士作法事，請神伏魔時必須要請的天神。《三寶太監西洋記》中描述張天師作法鬥魔的情景：天師披髮仗劍，踏罡步斗，掐訣念咒，然後取出令牌，大聲喝道：『一擊天門開，二擊地户裂，三擊馬、趙、温、關赴壇。』果然四位元帥從天而降。據說護法四元帥降妖除惡，主行正義，威猛剛烈，神力無邊。

## 華光大帝

提起華光大帝，可能知道的人不多；但是說『馬王爺三只眼』，可以說是家喻户曉。這位馬王爺就是護法四元帥之一的華光大帝馬靈耀。華光大帝的名稱很多，又稱馬華光、靈官馬元帥、三眼靈光、華光天王、馬天君等，實際都是馬王爺一個人。據道書記載，他先投胎於馬氏金母。世間流傳有《五顯靈官大帝華光天王傳》，這本書即是《四遊記》中的《南遊記》，書中叙述了馬靈耀施展神力，奮勇救母，大鬧天宫、地獄的故事，玉皇大帝看他是一位將才，封他為真武大帝的部將，護法天界，稱作『華光天王』。

馬華光

因為《南遊記》中描述馬靈官善於耍火，身上藏有金磚火丹，隨時用火降伏魔怪，所以後來民間又把他視作『火神』，常在八、九月間舉行『華光醮』，祈求免除火災，長年康順。專門奉祀華光大帝的廟大多稱為華光廟，但也有把馬王爺的神像塑在城隍廟中加以祭祀的。相傳華光大帝的神誕是農曆九月二十八日，關於這位護法天神的出身、來歷，以及他在天上人間的闖蕩經歷，《南遊記》中記述得十分詳細，讀者如果有興趣，可以參考這本書。

## 王靈官

人們參訪道教宮觀，走進山門，大多會看見一座『靈官殿』，殿中奉祀的神像，赤面黑髯，身披金甲，手執鐵鞭，怒目而視，形象威猛，使人頓生畏怖之心，這就是火車靈官王元帥，俗稱王靈官。王靈官是道教著名的護法神將，常塑立在山門之內，鎮守道觀，他在道教中所起的作用，相當於佛教的護法神將韋陀。

根據《新搜神記》等書的記載，王靈官本名叫做王善，是宋徽宗時候的人，曾經師從西蜀道士薩守堅，受道符秘法，是道士林靈素的再傳弟子。另外一種說法，說王靈官是淮陰地方神，經常作祟擾民。後來薩守堅真人火焚其廟，將他收為部將。

王靈官

明朝永樂年間，有個名叫周思得的道士，因為會行使王靈官元帥的法術，名聲顯於京師，於是永樂帝為王靈官建立天將廟，裏面塑二十六位天將，以王靈官為天將之首。宣德中將天將廟改為火德觀，封薩真人為『崇恩真君』，王靈官為『隆恩真君』，並加封為『玉樞火府天將』。每年的正旦、冬至日，派遣官員前往致祭。從此以後，『先天大將火車王靈官』就取代『華光火車馬靈官』，成為道教第一殿護法主神。

明、清以來，全國各地建立了許許多多的靈官廟，很多道教宮觀也專門修建了靈官殿。傳說王靈官為人正直，嫉惡如仇，糾察天上人間，除邪祛惡，不遺餘力，老百姓對他頗有好感，因此民間信仰的人很多。

## 趙公明

趙公明作為財神，在民間是婦孺皆知的，在過去的老百姓，尤其是經商的人家，幾乎家家都要懸掛趙公明元帥的神像；但是他同時又是道教的護法四天神之一。

由於趙公明生得黑面濃鬚，頭戴鐵盔，手執鐵鞭，坐下騎一黑虎，幾乎周身黑遍，而按照道教的陰陽五行說法，北方主玄黑之色，因此又稱為『黑虎趙玄壇』。

關於趙公明的傳說起源較早，晉人干寶著的《搜神記》中說，上帝命令三將軍督率鬼卒下到人間取人，趙公明就是其中之一。南梁時候，道士陶弘景的《真誥》將他稱為『土下冢中直氣五方神』，這是趙公明出現在道教神靈中的最早形象。隋唐之時，民間又相傳趙公明為五方力士之一，在天為鬼，在地為瘟神，手執涼扇，身穿白袍，隋文帝封為『感應將軍』。元、明以後，趙公明才成為道教的護法天神。

據《三教源流搜神大全》記載，趙公明原是終南山的人氏，秦朝時候避亂於山中，長期修道，功成以後，玉帝降旨召為靈霄副元帥。說他是『皓廷霄度天彗覺昏梵氣』所化生，奉天門之令，策役三界，提點九州，擔任天庭的直殿大將軍。後奉御旨，下界為張天師守護煉丹仙爐，授『正一玄壇元帥』，所以後來又把他稱為『趙公元帥』。相傳趙公元帥的部下有八猛將、六毒大神、五方雷神、二十八將等，能驅雷役電，呼風喚雨，除瘟剪瘧，治病禳災，訟冤伸抑，買賣和合，神通十分廣大，因此玉皇大帝又給他加了許多顯要的封號，如高上神霄玉府三界大都督、二十八宿都總管、上清正一玄壇飛虎金輪執法趙元帥等。

趙公明除了護法神將，財神之外，在民間信仰中還有多種形象。《封神演義》中將他描寫為峨嵋山得道高仙，下山幫助商紂王與周武王作戰，被姜子牙咒亡，元始天尊授意封他為真君，統率招寶，納珍、招財、利市四位神仙。《新搜神記》又說趙公明是蜀中（今四川）壇神，近代以來，許多人家又把趙元帥的神像貼在門上，作為門神，鎮邪祈福。他的形象有

趙公明

詩為證：

鐵作幞頭連襟長，烏油袍袖峭寒生。
賁花玉帶腰間滿，竹節鋼鞭手內擎。
坐下斑斕一猛虎，四個鬼左右相跟。

實在是生動有趣。

## 温瓊元帥

温瓊是護法四元帥之中的第三位天神，他在中原地區名氣不大，但在江浙沿海一帶卻頗為有名。温元帥同王靈官、趙公明的形象不一樣，王元帥通身是赤色的，趙元帥通身是黑色的，而温瓊元帥卻是遍身青色。《三寶太監西洋記》描繪他說：

藍靛包巾光滿目，翡翠長袍花一簇。

朱砂髮粱遍通紅，青面獠牙形太毒。
祥雲靄靄離天宮，狠狠牙妖精盡伏。

明人宋濂撰有《温忠靖公廟碑》，說温瓊元帥是浙東温州人，字永清。他的父親年老無嗣，與妻子日夜禱告於上帝。後來其母親在夜裏夢見火精降胎於腹，因而懷孕，於漢順帝年間生下温瓊。温瓊生後，七歲習禹步為罡，十四歲通曉儒、釋、道及百家之言。二十六歲舉進士不第，遂撫几嘆曰：『吾生不能致君澤民，死當為泰山神，以除天下惡厲耳。』無意間抬頭，看見一條蒼龍口吐寶珠，拾起來吞下以後，忽然變得青面赤髮，手握法器，英毅勇猛，於是驅妖除惡，無往不利。

東嶽大帝聽說他很勇猛，召為佑嶽神將，後來列位東嶽十太保之一，故又稱温太保。又封為東嶽統兵天下都巡檢五嶽上殿奏事急取罪人案玉皇殿前左元金翊靈照武雷王佑侯温元帥。不久，玉皇大帝敕封為『亢金大神』，賜給出入天門的特別通行證金牌一面，內篆『無拘霄漢』，並賜玉環一隻，瓊花一朵，奉旨巡察五嶽名山，慈惠民物，驅邪伐妖，『東嘉之民敬而輔之』。宋朝時封為翊靈昭武將軍正佑侯、正福顯應威烈忠靖王。

後來在江浙一帶建立了許多祭祀温瓊元帥的廟宇，有的叫温將軍廟，有的叫廣靈廟，其中最有名的是温州忠靖王廟，每年農曆五月間，四方之人紛紛趕來慶祝温元帥的神誕，抬着

温瓊元帥

他的神像在街上遊行，鎮邪祛惡，免除災病，成為當地流行的一種民俗。

## 雷神

過去，我國城鄉建有許多雷神廟，或者雷公廟，廟中塑有猙獰恐怖的雷神。我國遠古就有對雷神的崇拜，這在《山海經》中就有記載：『雷澤中有雷神，龍身而人頭，鼓其腹。』其形象為半人半獸。周秦以後，稱為雷師，或稱雷公，如《楚辭·離騷》說：『鸞皇為余先戒兮，雷師告余以未具。』《開元占經》說：『五車東南星名曰司空，其神名曰雷公。』不管是雷師，還是雷公，當時人們奉祀的雷神只有一個。

隨着自然神人格化進程的發展，人們才逐漸賦予雷公以一些社會職能和特性，如認為他能鑑別善惡，區分良莠，代天主持正義，擊殺有罪之人。後來道教吸收了民間對雷神的信仰，加以改造，建造成一個完整的雷部神系。以九天應元雷聲普化天尊為雷部主宰之神，下統三十六員雷神天君，各執雷鼓一面，凡行雷之時，天尊親擊本部雷鼓一下，隨即雷神發出隆隆的震天雷聲。但是也有雷神天尊下轄二十四員天君說法，如《封神演義》便是。在雷部諸神中，除雷聲普化天尊以外，比較出名的是鄧、辛、張、陶、龐、劉、苟、畢幾位天君元帥。

雷王

## 一、九天應元雷聲普化天尊

這是雷部的最高天神。『主天之災福，持物之權衡，掌物掌人，司生司殺。』傳說黃帝誕生於雷電，『以雷精起』，是主掌雷雨的天神。《歷代神仙通鑑》以黃帝為『九天應元雷聲普化真王』，住神雷府，去雷城二千三百里，雷城高八十一丈，左有玉樞五雷使院，右有玉府五雷使院，下統三十六員雷將，都是輔相有功之臣。但《無上九霄玉清大梵紫微玄都雷霆玉經》却以浮黎元始天尊第九子玉清真王，化生雷聲普化天尊，專制九霄三十六天，執掌雷霆之政，稱作『神霄真王』。現存《道藏》收有《九天應元雷聲普化天尊玉樞寶經》等書多種。

據《明史》記載，每年六月二十四日為雷聲普化天尊顯示之日，『歲以是日遣官詣顯靈宮致祭』，說明朝廷相當重視對雷神的祭祀。道經中說，雷神執掌五雷，是衆生之父，萬靈之師，掌握生殺大權，專門懲處惡人。關於『五雷』，有各種不同的說法：有說五雷是天雷、水雷、地雷、神雷、社雷；也有說五雷是天雷、地雷、水雷、神雷、妖雷。道教中有五雷天心正法之術，相傳宋朝道士林靈素擅長此法，能興雲致雨，役使鬼神，驅邪治病。

## 二、鄧元師

九天應元雷聲天尊部下的天神，常以鄧元帥為首。據《夷堅誌補》，宋代稱之為『天元鄧將軍』。明姚宗儀《常熟誌》記載，致道觀有雷神殿，前以『律令大神鄧元帥』為首。另外，《封神演義》中稱為鄧忠，《西遊記》中稱為鄧化，都是這位天神。

## 三、辛元帥

《三教源流搜神大全》中說，辛元帥姓辛名興，字震宇，雍州人。所住的地方原有神雷山，驚蟄時雷氣發揚，無物不折，夏秋時藏於地下作雞形。有一天，辛興入山採薪，在山上抓到五隻雞，他不知是雷神，帶回家給母親吃，結果母親被雷震死。辛興痛苦已極，拿起棍子就要槌雷雞。天神哀憫他一片孝心，於是變為道士向他陪罪說：『孝子不畏雷而反制雷，吾誤傷汝母，而勿以怨，余等願唯而所命以謝其罪。』於是進奉十二顆火丹，辛興吃後，瞬間化為雷公之形，脚踏五雷鼓，昇化而去。天帝感其至孝，迎面封之為雷門辛元帥，往來行天，剪滅邪魔惡鬼。

民間傳說辛天君為雷部主簿神，以六月二十五日為其誕辰，每年的這一天吃素食，以祈神靈保佑，稱為『雷齋』。此外，每月的辛日和初六日，也是禁葷食素，又稱為『辛齋』。

## 四、龐元帥

雷部天神龐元帥，據《三教源流搜神大全》說，名喬，字長清，漢江人，世以擺渡為

雷神

生。一向心性善良，路不拾遺，待客平等，解人急難。自在觀音聽說後，於是下凡化身為婦人，投入洶湧的江流中以試之。龐喬不畏江濤洶湧，奮不顧身地救出婦人和她的父親。玉皇大帝因此下旨封他為混氣元帥，手執金刀，護衛天門，降魔除惡，秋毫不爽。

## 五、劉元帥

劉元帥名後，傳說原是東晉時人，生於岷江漁渡中。少年時家裏貧窮，送給羅真人做侍讀。後來得到真人傳授，精通五雷掌訣，能呼風喚雨，解救老百姓的危困。有一年東京大旱，晉帝派遣使者到劉天君祠中祈禱，不久普降時雨，秋天得到大豐收，皇帝特別封為『立化慈濟真君』。相傳玉皇大帝也用真君之號封他，下令執掌玉府五雷使院。

## 六、畢元帥

雷神畢元帥，相傳姓田名華，原是天上雷精，寄於田中而生，故姓田。曾於上古煉霹玄精石幫助女媧補天，後來又煉五色火雹風雷陣，幫助黃帝擊殺蚩尤，被拜封為龍師。後來又隱於華胥之境，因此名華。玉帝封為雷門畢元帥，敕掌十二雷霆，輔助玄天上帝誅瘟役鬼，上管天地潦涸，下糾羣魔作惡，中擊不仁不義之人。由於雷部天神歷來主行正義，誅殺邪惡，因此長期受到人們的敬奉和崇拜。

雷部元帥

# 五嶽大帝

中國向來有『三山五嶽』之稱，其中的『五嶽』，是指東嶽泰山，西嶽華山，中嶽嵩山，北嶽恒山，南嶽衡山。古人認為，五嶽皆有山神存在，故長期對五嶽山神信仰崇奉。五嶽之神在唐代被封為王，在宋代被封為帝，從唐宋以後，總稱五嶽大帝。

五嶽信仰與中國古代的五行學說有關，認為東方屬木，其顏色為青色；西方屬金，為白色；北方屬水，為黑色；南方屬火，為赤色；中央屬土，為黃色。因此在道經中，五嶽大帝的服飾與神物都要與五行的顏色相配合，如東嶽大帝著青袍，北嶽大帝乘黑龍等。

五嶽之中，以東嶽大帝最為尊貴，所以古代的帝王登基，都必到泰山封禪，祭告天帝以保佑政權昌運長久。

## 一、東嶽大帝

東嶽泰山為五嶽之首，《三教源流搜神大全》說：『乃羣山之祖，五嶽之宗，天帝之孫，神靈之府也。』秦漢之前，古人認為泰山為『峻極之地』，是人與天相通的神地所在，對之特

東嶽大帝

炳靈公

別崇拜畏敬。王者登基，必至泰山封禪告天。泰山的人神化，大概始於漢代。《後漢書·烏桓鮮卑列傳》說：『中國人死者，魂神歸岱（泰）山地也』。登天之途的泰山變為專治冥鬼的地府，魏晉時成為地獄的別名，吳支謙譯《八吉祥神咒經》中就說：『泰山地獄餓鬼畜牲之道』。故劉禎《贈五官中郎將》有『常恐遊岱宗，不復見故人』的詩句。

《重修緯書集成》卷六《龍魚河圖》說，東方泰山君神，姓圓名常龍。東漢明帝時，封泰山神為『泰山元帥』。《雲笈七籤》中則具體描繪了泰山神的形象及其威勢。說泰山神君服青袍，戴蒼碧七稱之冠，佩通陽太平之印，乘青龍，從羣官，領五千九百之神，主治死生、人世貴賤，為百鬼之主帥，形象威猛，權勢顯赫。

唐玄宗時封為『天齊王』，宋真宗加號為『天齊仁聖帝』，並加封東嶽帝后為『淑明皇后』。元世祖至元中封為『東嶽天齊大生仁皇帝』，道教和民間多稱為『東嶽大帝』。舊時各地普建東嶽廟，於夏曆三月二十八日祭祀之，以禳災祈福。

炳靈公傳說是東嶽大帝的第三子，唐以前傳為惡人形象，騎從華麗，儼若侯王，『魯人畏敬，過於天齊』。後唐長興中，明宗皇帝不豫，泰山僧進藥，小康，應僧之請，封泰山郎為『威雄將軍』。宋大中祥符七年，詔封為『炳靈公』。後來吳地有炳靈公為火神之祖者。

現在四川大足舒成巖有宋代的道教像數龕，其中就供奉有東嶽大帝、淑明皇后和炳靈太子的神像，鐫刻十分精美。

## 二、南嶽大帝

南嶽衡山是五嶽之一。漢代所祀南嶽，為廬江郡天柱山，隋唐以後才改祀為湖南衡山。《龍魚河圖》說：南嶽神君姓丹名靈峙，而《三教源流搜神大全》引燕方朔《神民經》作『崇昌』，《歷代神仙通鑑》又作『崇覃』。

道教認為，南嶽神主星辰分野，兼水族魚龍之事。《雲笈七籤》描述其形象為：服朱光之袍，九丹日精之冠，佩夜光天真之印，乘赤龍，領神仙七萬七百人，霍山為其儲君，青城山為其丈人，廬山為其使者。唐玄宗時，封南嶽神君為『司天王』，宋真宗又加封為『司天昭聖帝』，以景明皇后配祀。自宋代起，民間又有『衡嶽借兵』的傳說。

《癸辛雜識》記載：衡嶽之廟，四門皆有侍郎神，唯北門主兵。朝廷每有兵事，則差官致祭，以其門開尺寸計出兵之數，事畢遣使告謝。舊時全國各地普遍建有南嶽廟。

南嶽大帝

## 三、西嶽大帝

西嶽華山，地鄰漢、唐都城長安，備受尊崇。東漢之時，即傳西嶽神能興雲雨，產萬物，通精氣，有益於人，朝廷祭祀視同三公。緯書說華山神君姓浩名郁狩。唐玄宗以華嶽正當本命神山，於是封其神為『金天王』，民間信仰尤重。《雲笈七籤》說：少昊為白帝，治西嶽，上應井鬼之精，下鎮秦之分野。稱華山神服白袍，戴太初九流之冠，佩開天通真之印，乘白龍，領仙官玉女四千一百人。職掌五金陶鑄坑冶，兼羽禽飛鳥之事。終南山、太白山為其儲副。宋大中祥符中，追尊為『金天順聖帝』，配享肅明皇后。民間流傳有華山神之子華山三郎的故事。

西嶽大帝

## 四、北嶽大帝

北嶽在五嶽中地位較低。自漢唐至宋明，皆以河北曲陽之恒山為北嶽，清順治年間，才改祀山西渾源之恒山，原來的河北恒山於是改稱為大茂山，緯書說：北方恒山君姓登名僧。以後道經與《恒嶽誌》都說北嶽神姓晨名尊。

《雲笈七籤》說：北嶽神君服元旒之袍，戴太真冥靈之冠，佩長津悟真之印，乘黑龍，領仙人玉女七千人。主掌江、河、海、淮、濟、涇、渭，兼虎豹走獸之類、虺蛇昆蟲等屬。宋真宗朝追尊為『安天玄聖帝』，配祀靜明皇后。

## 五、中嶽大帝

中嶽嵩山，因地近古都洛陽，故在五嶽中地位較高，但不及東嶽泰山。據《山海經》記載，其神為人面三首，乃是遠古神話傳說的遺物。漢人認為，三代之居皆在河洛之間，故以嵩山為中嶽。緯書說：嵩山神君姓壽名逸群。唐武則天時，有佞人偽造瑞石於洛水，神頌武后，故大封洛水之神，實際這是武則天為鞏固她的政權而採取的措施。又因嵩山地近洛水，故改封嵩山為神嶽，『授太師，使持節，神嶽大都督，天中王』。萬歲通天元年，加尊為『神嶽天中皇帝』，宋代封為『中天崇聖帝』，配祀正明皇后。

北嶽大帝

中嶽大帝

五嶽神之中，中嶽封王、封帝皆為最早。道經說：中嶽神服黃袍，戴黃玉太乙之冠，佩神宗陽和之印，乘黃龍，領仙官玉女三萬人。主掌土地山川陵谷，山林樹木之屬，常以四季干支俱土日，乘黃霞飛輪，奏真仙名録，上言於天帝。道教認為，中嶽神君為五土之主，因此太上常用三天真人有德望者居之。

## 三官大帝

道教神系中有幾位神階很高的天神，三官大帝就是其中之一。三官是指天、地、水三官，同『三清』尊神一樣，也是三位一體的高位神，但是他們出現的時間却比三清神要早得多。

三官大帝淵源於古代的自然崇拜。在遠古時代，天、地、水都是人們賴以生存的必要條件，沒有它們，人類就不可能存在；因此，人們對它們常懷畏敬之心，虔誠地頂禮膜拜。中國古代關於崇拜天、地、水的歷史記載，在先秦古籍中可說是比比皆是。

東漢中後期，道教創始者張道陵入蜀，改革當地民族原有的巫道，建立五斗米道，一方面以老子為教祖，另一方面即以天、地、水為三官，加以信仰。《三國誌·張魯傳》註引《典略》說，東漢靈帝時，五斗米道設立的鬼吏為病者請禱，其方法是：書寫病人姓名及說明服罪之意，作書三通，一著山上通於天，一埋於地，一沉於水，稱作『三官手書』。這種信仰一直到唐代還很盛行。近年在河南嵩山頂發現一通唐代的金簡，內容即是乞求『三官九府』，為武則天免罪祈福。另外有一種說法，說三官是指金、木、水三官，具體化為守衛天門的唐、葛、周三將軍。也有說三官是指堯、舜、禹三帝，為元始天尊吐氣化成。

北魏時寇謙之改革天師道，清整『三張偽法』，遂將三官與三元相配，以農曆正月十五為上元，七月十五為中元，十月十五為下元。

《重增搜神記》中詳細記載了三官的經歷、神職及其統轄的對象。書中說『三官是陳子禱與龍王三女所生的三個兒子，長大成人後都神通廣大，神力無邊。於是元始天尊封老大為上元一品九氣天官紫微大帝，住玄都元陽七寶紫微上宮，總主天帝神王、上聖高真及三羅萬象星君；封老二為中元二品七氣地官清虛大帝，住九土無極世界洞空清虛之宮，總主五嶽帝君並二十四治山川、九地土皇、四維八極神君；封老三為下元三品五氣水官洞陰大帝，住金靈長樂之宮，總主九江水帝，四瀆神君、十二溪真及三河四海神君。並說每到三元之日，三官大帝便親臨神壇，考籍大千世界之內的神仙昇臨、人品考限與萬類化生之事，天官賜福，地官赦罪，水官解厄，儼然為神靈世界主宰一切的最高尊神。

傳說三元日各為三官誕生的日子，因此從唐宋以來，三元節都是道教的大慶之日。唐代

三官大帝

天官賜福

三元節由皇帝下敕天下諸州各禁屠三日。由於天官被封為賜福紫微大帝，故近代民間又有以天官為福神者，與祿、壽二神並列。至於三官神的職掌範圍，宋明以後由於三清尊神與四御的確立，而有所縮小，一般認為是掌握人間禍福、天神轉遷、生死輪回諸事，民間信仰仍然很普遍。明清以來，各地建有許多三官殿、三官堂、三元庵、三官廟等。過去每到三元節，人們都要到廟宇祭拜三官，懺悔罪過，祈福免災，因此又有稱『三元大帝』的。相傳信仰三官的人在三元節都要禁葷食素，稱為『三官素』。

三官中以天官信仰最為普遍，民間視作『福神』在春節時畫作年畫，天官身穿大紅官服，龍袍玉帶，手持如意，面容慈祥，一副雍容華貴的氣派，常常貼在門上，希望天官賜福長壽。現在臺灣的廟宇中，一般稱三官帝為三界公，據說信奉的人相當多。

## 真武大帝

真武大帝，又稱玄天上帝，是道教神系中赫赫有名的天界尊神。現在道教聖地武當山供奉的主神，就是真武大帝，其形象威嚴端莊，具有帝王氣概，相傳是明朝時仿照明成祖朱棣的形象鑄造的。道教經書中將他尊稱為『鎮天真武靈應佑聖帝君』，簡稱『真武帝君』，民間又稱作蕩魔天尊、報恩祖師、披髮祖師。明朝以後，在全國具有極大影響，近代以來南方民間信仰尤其普遍。

探溯真武神產生的歷史淵源，與古代的星辰崇拜有着密切的關係。宋朝時的大學者朱熹就說過：『真武本玄武』（見《朱子語類》），是北方星宿的名稱，說明這位天神是由古代的星宿信仰發展衍化而來的。

中國古代把全天連續通過南中天的恒星分為二十八羣，稱作『二十八宿』，根據它們的出没和中天時刻來決定四時。戰國以後，又逐漸把二十八宿分為四組，分別用四靈來命名，即東方青龍、西方白虎、南方朱雀、北方玄武。《楚辭・遠遊》補註說：『玄武，北方七宿，謂龜、蛇也。位在北方，故曰玄；身有鱗甲，故曰武。』按照古代星經的排列，北方玄武七宿是：斗、牛、女、虛、危、室、壁。

《淮南子・天文訓》說：『北方水也，其帝顓頊，其佐玄冥，其神為辰星，其獸玄武。』以玄武來象徵北方星辰。古人認為，玄武七宿在天上自然形成龜、蛇的形狀，以形來命名。其實對中國社會發展歷史略作考察，就會覺得這種說法不免有牽强之嫌。

中國自古以來就是一個以農業為主的國家，尤其在遠古時代，生產落後，靠天吃飯，就更是如此。人們要想有一個比較好的收成，來維持基本的生活，就得把握好農業生產的季節時令。於是，古人就通過觀測天象，確定日、月、星辰的坐標位置，根據星座的運行來測定歲時季節的變化，適時播種、耕耘和收穫。這樣，天上的星宿就成了人們得以生存的希望，不禁對它懷有極大的神秘感和畏敬感。古人對於玄武星神的崇拜，就是這樣產生的。

到東漢後期，玄武星神的地位逐漸上昇。《重修緯書集成》卷六《河圖》稱他為黑帝之精，甚至說『北方黑帝體為玄武，其人夾面兑頭，深目厚耳』。道教形成以後，首先獲得尊崇的只是玄武七宿的第一宿，即斗星，又稱南斗，信仰『南斗註生，北斗註死』。魏晉成書的《抱朴子》描繪老子的形象時說，『前有二十四朱雀，後有七十二玄武』，玄武只是一位護衛之神。但是在民間，對於玄武神的信仰從未中斷，只不過其職掌、地位不很顯赫而已。

真武大帝的形成不僅同古代的星辰崇拜有關，而且也與古代的動物崇拜有關係。龜、蛇都是長壽的動物，長期是古人崇拜的對象。古有『四靈』之說，龍、鳳、麟、龜，龜即為其中之一。而傳說中的羲皇，就被人們認為是蛇神。由於民間信仰以龜雌蛇雄，故常以龜蛇作為玄武神的象徵（見《酉陽雜俎・續集》）。宋代文豪蘇東坡在《彭祖廟》一詩中吟詠說：

『跨歷商周看盛衰，欲將齒髮鬥蛇龜。』

玄武真神成為道教奉祀的大神，其信仰的興盛與玄武神在民間的信仰有密切的關係。從《酉陽雜俎》等書的記載來看，都不同程度地反映出道教對玄武神的尊崇。並常以青龍、白虎、朱雀、玄武作為其護衛神，以壯威儀。在北宋初期赫赫有名的翊聖真君，《四庫全書總目・子部・道家類存目》中就認為是玄武神的別稱。

楊億《談苑》說翊聖又號黑煞將軍，與真武、天蓬等並列為天界大將。朱熹也曾說過當時以真武、天蓬、天猷與翊聖為四聖（見《朱子語類》），從宋朝以後，玄武在道教衆神中的地位便逐漸提高。

關於玄武更名為真武的原因，說法不一。一說是避宋真宗的諱（宋真宗曾改名玄休、玄侃）（見《集說詮真等》）；另一說是避趙宋『聖祖』趙玄朗的諱（見《朱子語類》）。大概說為是。玄武改名為真武以後，玄武的名稱就少有提及了。北宋時期，真武神的形象仍是龜蛇。到了南宋，真武神人格化的傳說始日益滋繁。

據《夷堅誌》、《雲麓漫鈔》等書記載，其形象多著道服羽流，披髮仗劍（故又稱披髮祖師），頗為威猛。真武作為道教所奉祀的大神，並且在民間有着廣泛深刻的信仰，就再也不能作為原來星辰龜蛇的形象活躍於道教神壇之上了。因此有關真武身世、神蹟的傳說便漸漸流傳開來，《道藏》、《續文獻通考》、《三教源流搜神大全》、《歷代神仙通鑑》等書中，都記載有許多關於真武的身世傳說及神話故事等。

道經中描述說：北方玄武真神，披髮黑衣，金甲玉帶，仗劍怒目，足踏龜蛇，頂罩圓光，形象十分威猛。《元始天尊說北方真武妙經》宣稱，真武帝君原來是淨樂國的太子，長大成人後十分勇猛，立下誓願要除盡天下妖魔，不願繼統王位。後來得到真人傳授無極上道，入太和山修道，功成圓滿，玉帝下令敕鎮北方，統攝真武之位，並將太和山改名為武當

真武大帝

山，意思是『非玄武不足以當之』。

宋朝天禧年間（一〇一七－一〇二一年）詔封為『真武靈應真君』。元朝大德七年（一三〇三年）加封為『元聖仁威玄天上帝』，成為北方的最高神。

真武大帝聲勢最顯赫、民間信仰最普遍的時期是明代。明朝初期，朱元璋的兒子燕王朱棣發動『靖難之變』，奪取王位。據說在燕王的整個行動中，真武帝都曾經顯靈相助，因此朱棣登上皇位以後下詔特封真武為『北極鎮天真武玄天上帝』，並大規模修建武當山的宮觀廟堂，建成八宮二觀、三十六庵堂、七十二巖廟、三十九橋、十二亭的宏大道教建築羣，使武當山成為舉世聞名的道教勝地；並在天柱峰頂修建『金殿』，奉祀真武大帝的神像。由於帝王的大力提倡，真武神的信仰在明朝達到鼎盛階段，宮廷內和民間普遍建立了大量的真武廟。

現在廟中供奉的真武神像，一般為披髮跣足，端坐於殿堂之上，旁邊常塑有龜、蛇二將，或者塑有金童、玉女。據說前者是護衛大帝，後者替真武大帝記録三界中的功過善惡。相傳真武大帝的誕日是農曆三月初三。

## 青龍、白虎

提起天神的護衛，人們就會想到『左青龍，右白虎』。道教勝地青城山有座著名的古常道觀（又稱天師洞），在巍峨的山門前邊，左、右各建有神殿一座，裏面各塑有一位威武的神將，這就是道教的護法神將青龍和白虎。

這兩位天神實際來源於古代的星宿崇拜。古人將太陽和月亮所經過的天區稱作黃道，並將黃道中的恒星分為二十八個星座，稱為『二十八宿』，後來將二十八宿和四象（古代的四種靈物）相結合，排列成東方蒼龍七宿，北方玄武七宿，西方白虎七宿，南方朱雀七宿。古人認為，蒼龍、玄武、白虎和朱雀都是吉祥之物，對之加以崇拜，尊為護衛之神，廣泛應用於人們的衣食住行甚至軍事行陣之中。

秦漢以後道教興起，就將青龍、白虎納入其神系，作為天界的護法神將，經常威風凜凜地站立在道教宮觀的山門兩旁，衛道宏法。

青龍神將

白虎神將

# 文昌帝君

過去，幾乎全國的每一個城鎮都建有文昌宮、文昌祠或者文昌廟，這些廟中供奉的主神就是文昌帝君。文昌帝君是道教神靈中一位重要的尊神。《歷代神仙通鑑》說他「上主三十三天仙籍，中主人間壽夭禍福，下主十八地獄輪回」，但一般認為他是掌管人世功名利祿之神，從宋、明以來，一直是封建士人尊崇的對象。中國古代講求「學而優則仕」，才學皆優才能進入仕途做官，因此數百年中文昌帝君的香火一直是興盛不衰。

文昌帝君的產生經歷了漫長的過程，是文昌星神與四川地方守護神梓潼相結合的產物。文昌本來是星名，為魁星之上六星的總稱，合稱「文昌宮」。文昌六星中，「上將」主建威武，「次將」主正左右，「貴陽」主理文緒，「司祿」主賞功進爵，「司命」主滅咎，「司冠」主佐理寶，六星都是吉星。這種星辰信仰，屢見於《周禮》、《楚辭》、《史記》諸書之中，可見在戰國、秦漢時就廣泛流行。緯書《孝經授神契》解釋說：文者精所聚，昌者揚天紀，輔拂並居以成天象，故曰文昌宮。

六位星神之中，民間信仰最重視的是「司命」神。東漢應劭的《風俗通義》記載說：

文昌帝君

『今民間猶祀司命，刻木長尺二寸為人像，行者置篋中，居者別作小屋，齊地大尊重之。汝南諸郡亦多有，皆祠以猪，率以春秋之月。』漢代以後，『南斗註生，北斗註死』的說法開始流行，道教又有東嶽神君主掌人的年壽之說，文昌司命神的影響漸漸縮小。但後來道教也吸收了此種信仰，司命神在道教神靈中仍佔有一定的地位。《雲笈七籤》說，帝君司命之神，主典年壽。又以老君的名義，謂司命有左、右二人，左司命叫韓元信。右司命稱張子良，都是漢高祖的功臣，用人世的將相代替了天上的星神。

梓潼神原來是四川地方的守護神，其神祠原在蜀地梓潼縣。晉常璩《華陽國誌》記載，梓潼縣有善板祠，一名惡子。民歲上雷杼十枚，歲盡不復見，雲雷取去。後據它書，知惡子張姓，或又作張惡子。雷杼相傳為雷神震發霹靂的工具，由此可知張惡子祠原是雷神廟。民間傳說張惡子原居越西，因報母仇，後徙居梓潼。曾仕晉朝為將軍，臨陣戰死，蜀人為之立祠祭祀。唐玄宗避亂幸蜀，利用蜀地的這種信仰，以提高皇帝威權，宣揚梓潼神曾至萬里橋頭迎接他，因此追封為左丞相。唐末僖宗遷蜀，傳說也有助於皇室，封為『濟順王』。嗣後又追封為『英顯王』。宋代執政多用文人，而科舉制是入仕的主要途徑，於是，各地祈禱神靈，保佑功名利祿，蔚然成風。其中尤以梓潼神張惡子靈應效著。

宋人筆記《鐵圍山叢談》說：『長安西去蜀道有梓潼神祠者，素號異甚。士大夫過之，得風雨送，必至宰相；進士過之，得風雨必至金殿魁。』傳說王安石幼年過張惡子祠，風雨大作，長成果然位至宰相。南宋時，蜀中奉祀者甚多，《朱子語類》曾言，梓潼神與灌口二郎神，幾乎割據了兩川。由於梓潼神君的神效，名聲逐漸遠播，甚至江浙一帶的道觀上也供上了梓潼君的神像。

大概在宋、元之間，道士托名作《清河內傳》，說他生於周初，迄今七十三化，西晉丁未年降生於清河叟之家，名張亞，玉皇大帝命其主文昌府並掌人間祿籍。自此，文昌星神就與梓潼人神結合在一起，成為考取功名的文士與宦遊仕途的士大夫崇奉的對象。元仁宗延佑三年，封為『輔元開化文昌司祿宏仁帝君』，由皇朝規定將文昌神與梓潼結合為一。明時，『天下學宮皆立文昌祠』，奉祀文昌帝君，清代愈甚。現今四川梓潼縣七曲山有明清古建築文昌宮，殿堂相連，結構宏偉，是文昌帝君的發祥之地。

各地文昌宮中帝君的形象，多為坐下騎白騾，有天聾、地啞二童侍於側。為什麼文昌帝君和隨從要用聾啞童子？《神仙通鑑》說，真君為文章司命，關係到文人士子的一生前途，天機不能洩露，故遵循太上老君的教導『知者不言，言者不知』，用聾啞童子作助手，可以擔保無虞。

# 降魔護道天尊

降魔護道天尊，又稱高明大帝、祖天師。即道教的創立者張陵。張陵，字輔漢，號天師，道教尊稱為張道陵。相傳是漢留侯張良的八世孫，沛國豐（今江蘇豐縣）人。張道陵在道教中地位崇高，少即研讀《道德經》及天文地理、河洛圖緯之書，曾及太學，博通五經。年二十六『舉賢良方正極諫科』，東漢明帝時曾為巴郡江州（今四川重慶）令。後隱退北邙山（今河南洛陽北），修長生之道。相傳曾遇魏伯陽，拜求其道。朝廷徵為博士，稱疾不應。和帝徵為太傅，封冀縣侯，三詔不就。

順帝時，愛蜀中溪嶺深秀，遂隱於鶴鳴山（一名鵠鳴山，今四川大邑縣境內）修道。相傳他擅長用符水為民治病，功績漸著（見《歷代神仙通鑑》、《列仙全傳》）。後自稱太上老君『授以三天正法，命為天師』，『為三天法師正一真人』。造作道書二十四篇，創立五斗米道，後世又稱天師道、正一道，其子孫世襲天師道法。歷代皆受朝廷封號：唐天寶六年册贈天師為『太師』，唐僖宗封為『三天扶教輔元大法師』，宋理宗册封為『三天扶教輔元大法師正一靜應顯佑真君』，元成宗加封為『正一沖元神靜應顯佑真君』，明洪武元年改封天師為真人。

張天師

張天師

『天師』之名，最早見於《莊子·徐無鬼篇》，『黃帝再拜稽首稱天師而退』，蓋指一時尊敬之詞，天師之名實源於此。李膺《蜀記》謂張道陵入鶴鳴山，自稱天師。北魏有寇天師（寇謙之），劉宋有陸天師（陸修静），唐有杜天師（杜光庭），宋有薩天師（薩守堅）等等。『天師』之名指稱張道陵者，始見於《晉書》，《郗超傳》云：『音事天師道，而超奉佛。』即稱其道為天師道，然明代朝廷雖革去天師之號，而世尚稱天師，近代亦然。

張陵是道教的創始人，又是相傳為道法高妙、降魔伏妖、神通廣大、白日昇天的仙人，在道教中地位本極崇高，加之歷代神話故事的渲染，在民間影響亦著，其奉祀至今仍有影響。

## 太　歲

太歲在道教神系中屬於凶神，過去民間愛説，『誰敢在太歲頭上動土』，由此可見其威懾人心的神力。太歲，又稱歲神，又名歲星、順星，本來是舊曆紀年所用之值歲干支的別名。就是將十天干與十二地支順序相配，由甲子起，至癸亥止，滿六十為一周，名叫『六十甲子』。如果逢甲子年，甲子即是『太歲』，逢乙丑年，乙丑即是『太歲』，以此類推，至癸亥年止。古時人們習慣上只重視歲陰（十二地支），故『太歲』每十二年一循環。地支有方位，『太歲』因而亦有方位，因此古代民間許多禁忌就由此產生，以太歲所在方位為『凶方』，忌興土木或遷徙房屋等。

《土風録》云『術家以太歲為大將軍，動土遷徙者必避其方。』歐陽修《集古録》載李康碑說：『太歲在亥，大將軍在酉』云云。故太歲在中國民間信仰中是有名的凶神。

太歲神的奉祀，據杜佑《通典》記載，北魏道武帝時，已立『神歲十二』（即十二個歲神）專祀。《春明夢餘録》載：『明洪武七年甲寅，令仲春秋上旬擇日祭太歲。』『嘉靖十一年別建太歲壇，專祀歲。』說明從北魏時，每年要祭祀歲星，並且還專門設有祀星祠。溯其淵源，乃與古代星辰崇拜有直接關係。

中國古代天文學，觀測星象運行的主要目的，是為了制定較好的曆法。戰國以前已有兩種觀測天體運動以制定曆法的方法。一種是把天空按歲星的運動路徑自北向西、向南、向東（即所謂右旋）劃分為十二段，叫十二次（古人以為歲星十二年運行一周天）。歲星每運行一次，便代表一年。這種觀測方法後來也用於二十四節氣的劃分和十二月的劃分。

另一種是把天空由北向東、向南，向西（即所謂左旋）依次劃分為子、丑、寅、卯、辰、巳、午、未、申、酉、戌、亥十二個區域，叫十二辰。這種方法後來主要用記録一天之內的十二個時辰和一年間恒星的方位變化，特別是北斗的回轉。

這兩種觀測方法各有其用途，而它們對天空的劃分除了方向相反，名稱不同，其實是一樣的。

自戰國以來，人們就設法加以協調，最簡便的方法就是假想有一個和歲星運行速度相同（也是十二年一周天）、方向相反的太歲（也叫歲陰、太陰），按十二辰的方向運行，每年進入一辰。由於歲星是天上實體，太歲卻無可捉摸，實際上是人們為了記時的需要而設想出來的，於是說它『左行於地』，即在地上與天上的歲星作相對運動（詳見鄭文光《中國天文學源流》）。太歲的觀念就是這樣產生的。它的形成年代不算太早，也不是原始宗教的產物。但它受到了與其它星體類似的神化和崇拜。至遲從西漢起，人們已經認為太歲每年所經的方位，與動土興造，遷徙、嫁娶的禁忌有關，所以民間俗語說：『誰敢在太歲頭上動土』，至今已成為人們的口頭語，這句話根據就來源於此。

太歲的神化變遷，據《夷堅誌》記載，宋代時常州東嶽廟後所供太歲，已儼然冠冕，則當時已有人神化、偶像化的趨勢了。又因北京白雲觀元辰殿的前身，是金代明昌年間敕建的丁卯瑞聖殿，似乎在金代已有奉祀丁卯元辰神像的現象了。

原來太歲信仰僅流行於民間，不列國家祭典；但自元明以來，太歲信仰又得到最高統治者的承認，並設專壇祭祀。其職掌除了土木工程方位、遷徙、嫁娶禁忌之外，又將它視為

『主宰一歲之尊神』（見《月令廣義》），並常與月將、日值之神交祭。因歲神為值年之神，掌理人間一年的禍福，又稱『值年太歲』，或者俗稱為『歲君』。

後來道教又把太歲稱為大將軍。《神樞經》云：『大將軍者，歲之大將也。』故六十個太歲神均有真姓實名（見《道藏》第一千零八冊《六十甲子本命元辰曆》，但書中各神姓名與今有的本命神姓名不盡相同）。以後的民間傳說及小說中，則照例將他們變為人格化之神。近代民間為元辰神祈福免災，獲得星辰保佑之信仰，仍盛行不衰。

## 北斗真君

北斗真君，從名稱上就可知道是一位天界的星宿神仙，又稱為北斗星君。早期《搜神記》說，『南斗註生，北斗註死』，人生自古誰無死，上至帝王將相，下至販夫走卒，莫不如此，因此，北斗星神在古代受到人們特別的崇拜。

北斗在古代天文中是指天上的北斗七星。《史記·天官書》說：北斗七星，分陰陽，建四時（指春、夏、秋、冬四季），均五行（金、木、水、火、土），移節度（十二四節氣），定諸紀（指年、月、日、星辰、曆數）。舉凡農業節令，天數曆法、四季方位都和北斗七星密切相關，不能不受到人們相當的重視，並對之崇奉禮敬。

後來道教將北斗七星神納入其神系，賦予他掌管人間生死禍福、消災招福的職能。道經說，北斗神常同三官（指天、地、水三官大帝）一起巡遊四方，調查人間和陰曹的功過善惡，如有為惡者，三官就向北斗神報告，然後將犯者收入地獄，永遠囚禁在苦海之中。道經宣稱，凡是一心信仰北斗的人，便能從地府的死籍上永遠除名，最終得道成仙，因此，朝禮北斗，便成為道教的一種特別重要的齋醮儀式。

《道藏》中的《北斗本生經》說，北斗七星是紫光夫人（即斗姆元君）所生之子。過去，民間流傳有《北斗經》，據說經常念誦經文能夠消災祛病，長生不老。

## 南極仙翁

人生世間，有生必有死，因此人人都希望長壽，古往今來，概莫能外。道教神系中有一位天神，專門掌管人的壽命，傳說供奉這位神仙，經常祈求，就可以使人長壽，這就是南極真君。南極真君，又稱南極仙翁、長生大帝，因為他主壽，所以又叫『壽星』或『老人星』。

自古以來，對南極星神的信仰極為普遍。《史記·封禪書》司馬貞索隱說：『壽星，蓋南

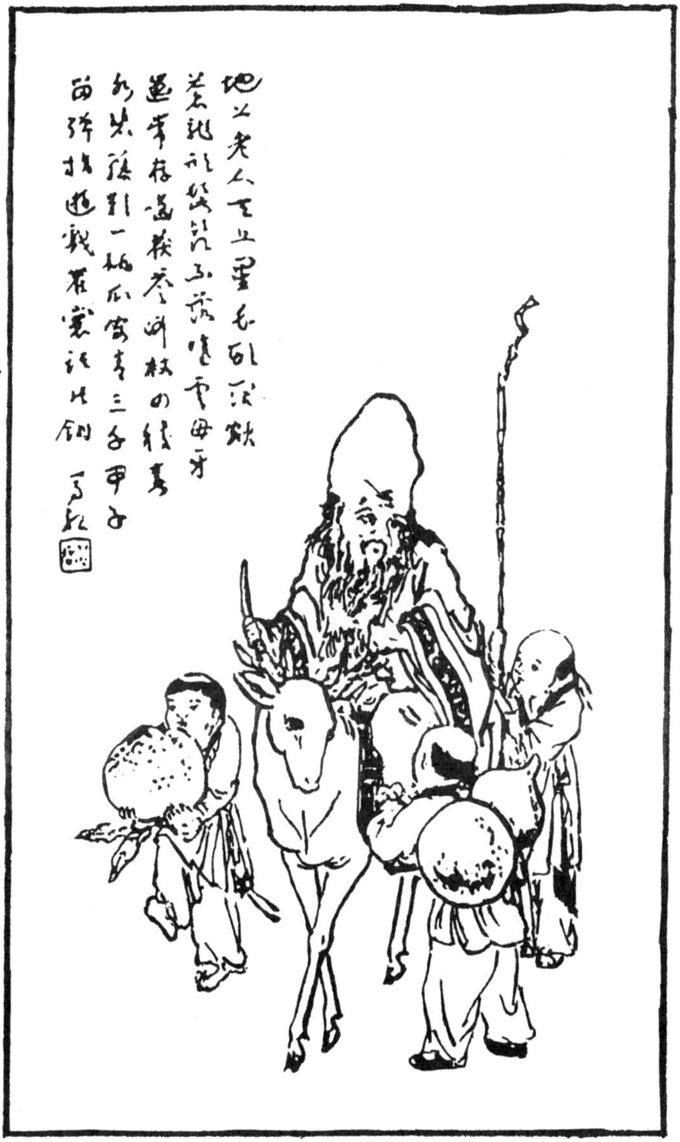

南極仙翁

南極老人

極老人星也，見則天下理安，故祠之以祈福壽。』《爾雅·釋天》又說：『壽星，角、亢也。』將古代的天文與宗教結合起來考察，壽星主要有二種意義。其一是指天空的某一區域，即十二次之一，範圍相當於二十八宿中的東方角、亢二宿；其二是指屬於西宮的南極老人星。壽星在秦漢時就已立祠奉祀，《漢書·天文誌》說：『南極老人，常以秋分時候之南郊。』這是指南極老人星。

《後漢書·禮儀誌》說：『仲秋之月，年始七十者，授之以玉杖，……祀老人星於國都南郊老人廟。』這裏壽星被奉為主掌人間壽夭之神，說明東漢時候就已把祭祀老人星與敬老活動結合起來。自此以後，歷代皇朝都將南極真君列入國家祀典。但是唐宋時代認為壽星是指二十八宿的角、亢二宿與南極老人星，經常將它們合在一起奉祀。明朝時罷祀。

明代以後奉祀的壽星形象，大都畫成老人模樣，白髮白鬚，拄一彎彎的長拐杖，頭部長而向前隆起。這樣畫的根據是什麼呢？據《後漢書·禮儀誌》說：東漢奉祀老人星時，常同時舉行敬老活動，對七十歲以上的老人賜予一根九尺長的鳩頭玉杖，壽星的拐杖想必是起源於此。《桯史》卷四說：『凡壽星之扶杖者，杖過於人之首，且詰曲有奇相。』據此可知在南宋以前，塑壽星像必配以一根彎曲奇特的長拐杖。

至於壽星頭部長而向前隆起的原因，據《通俗編》說：『世俗畫壽星像，頭每甚長。據《南史·夷貊傳》，毗騫王身長丈二，頭長三尺，自古不死，號長頸王。畫家意或因乎此。』大概也是取其長壽的意思。元明以前，常建有壽星祠、壽星壇。明朝以後，民間信仰十分普遍，並將壽星和福、祿二星結合起來，合稱福、祿、壽，成為最受人們歡迎的三個福神，作為吉祥的象徵。

## 太白金星

提起太白金星，人們就會想起《西遊記》中那位老態龍鍾、白髮慈顏的老神仙，經常擔任天庭的欽差大臣，奉玉皇大帝的命令前往各處調停招安。實際上，太白金星也是來源古代的星辰崇拜。

金星是指太陽系中接近太陽的第二顆行星，一般早晨出現在東方，黃昏出現在西方。兩千多年以前的《詩經·小雅》中就已經說：『東有啟明，西有長庚。』是說金星出現在早晨稱為『啟明星』，出現在黃昏又稱為『長庚星』，有些地方又將金星稱作『太白星』。按中國古代的『五行』理論，西方屬金，金色白，故《天官占經》說：『太白者，西方金之精，白帝之子，上公、大將軍之象也。』上在天庭為白帝之子，下應人間的上公、大將軍，無疑是一顆福星。後來金星逐漸被人們神化，就稱為『太白金星』。

在初期的道教神系中，太白金星是一位女神，《七曜禳災法》與《上清十一大曜燈儀》等道經中說她，『著黃衣，頭戴鷄冠，手彈琵琶』，一副天仙模樣。到明代以後，才逐漸演變成《西遊記》中的慈顏長者神仙。

## 六丁六甲

六丁六甲是道教的護法神將，分別稱為六丁神和六甲神，一共十二位。道經中說，他們最初是真武大帝的部將，經常與二十八宿、三十六天將等屬行風雷，制伏鬼神。因此道士齋醮作法時，常用符籙召請他們『祈禳驅鬼』，據說六丁六甲神的責任心相當强，經常是有請必到。

丁甲神的名稱來自於干支之名，即丁卯、丁巳、丁未、丁酉、丁亥、丁丑和甲子、甲戌、甲申、甲午、甲辰、甲寅。據說六丁屬陰，是女神；六甲屬陽，是男神。

據《後漢書》記載，漢代方士已經有役使六丁之法，先行齋戒，然後召六丁神，『可使致遠方物，及知吉凶也』。梁節王曾用這種方法來『占夢』，後來逐漸演變成為六丁六甲神。道教《老君六甲符圖》記載有六丁六甲神的姓名：

丁卯神將司馬卿；

丁丑神將趙子任；

丁亥神將張文通；

丁酉神將臧文公；

丁未神將石叔通；

丁巳神將崔石卿；

甲子神將王文卿；

甲戌神將展子江；

甲申神將扈文長；

甲午神將衛上卿；

甲辰神將孟非卿；

甲寅神將明文章。

丁甲神將的名稱實在不大好記，道教宮觀中，他們常被塑在真武大帝旁邊，作為侍衛神。中國民間過去流行驅遣鬼神、呼風喚雨的『六丁法』和『六甲法』。

## 四值功曹

四值功曹是天庭之中的小神，他們的職責是擔任值年、值月、值日、值時，相當於天界的值班神仙，雖然仙位低，但時時刻刻少不了這幾位神仙。其中最為勞累的是值日功曹，每天都要恭恭敬敬地守在天上，人間的道士、法師仗劍作法時，總是要向天上喊叫：『值日功曹何在？』少不了奔波一番。還有，道教作法事時要向天庭送黃表，所謂黃表就是送給玉皇大帝的報告，焚燒後也要由四值功曹代為呈送。

《西遊記》中說，唐僧往西天取經時，玉皇大帝還給他們按排了一個特殊任務，就是和丁甲神等擔任護法神將，暗中保護唐僧師徒的安全，雖然官小，却責任重大。

## 二十八宿

二十八宿原來是星宿的名稱，中國古代的星相家把太陽和月亮經過的天區稱作『黃道』，並把黃道中的恒星分為二十八個星座，叫做『二十八宿』。道教認為，每一星座都有一位神將，共有二十八位神將，也稱作『二十八宿』。

道經是按東、南、西、北四方將二十八宿分青龍、朱雀、白虎、玄武四組天神。東方青龍七宿是角、亢、氐、房、心、尾、箕，南方朱雀七宿是井、鬼、柳、星、張、翼、軫，西方白虎七宿是奎、婁、胃、昴、畢、觜、參，北方玄武七宿是斗、牛、女、虛、危、室、壁。道士齋醮作法時，經常召二十八宿天將下凡降妖伏魔。

四值功曹

# 三、人間聖賢

## 黃帝

我們中國人常說自己是『炎黃子孫』，中華民族是『華夏民族』，探溯其根源，都同中華民族的始祖——黃帝有關。炎帝和黃帝是我國遠古時代的兩個部族首領，都對創造黃河流域文明和長江流域文明做出了卓越的貢獻。

據歷史考證，黃帝部落原是古代西域的姬姓母系集團，後來與姜姓的炎帝部落集團通婚結合，產生『華夏民族』，因此後世中國人稱自己為『炎黃子孫』。黃帝相傳是有熊氏首領少

黃 帝

典之子，因長於姬水而姓姬；又曾居於軒轅之丘（今河南新鄭縣境內），故名軒轅；又因崇尚土德，土色為黃稱為黃帝。

他的妻子嫘祖屬西陵氏，可能同西王母族系有關。上述部落的活動地域可能都在積石崑崙山（西山和蜀山），這裏有龍族和虎族，並曾統一於鳥族。所以後來道教將崑崙神山作為西王母和黃帝居住的地方，稱『人鳥山』，成為山嶽神仙的發源地。

秦漢時神仙家將神仙思想與黃帝相附。《史記》記載，黃帝之時，征戰四方，敗炎帝於阪泉，殺蚩尤於涿鹿，同時遍遊天下名山，訪神仙真人與之從學，築五城十二樓以候神人。後於荊山採銅鑄鼎，功成騎龍昇天而去。四川青城山下面有一座道觀，從前叫丈人觀，現在稱作建福宮，宮中塑有寧封仙人的神像，傳說黃帝曾經到此向寧封真人訪道，至今當地仍流傳着許多關於黃帝的傳說。

《淮南子》書中說，黃帝成仙後成為東、南、西、北、中五天帝之一，『中央土也，其帝黃帝，其佐后土，執繩而制四方』。黃帝居中而制四方，是五天帝中最重要的神。東漢時候，讖緯家又編造了黃帝的神職是主司雷雨的說法。

如《河圖帝紀通》說：『黃帝以雷精起』。《春秋合誠圖》說：『軒轅，主雷雨之神也。』

道教承襲了以前關於黃帝的傳說，吸收改造成為道教之神。陶弘景的《真靈位業圖》排列道教神仙位次，稱黃帝為『元輔真人軒轅黃帝』，列於第三神階的左位。《雲笈七簽》說：黃帝受兵符、圖策於西王母，後廣遊名山，問道於廣成子、紫府先生、中皇丈人、寧先生諸仙。《道經》中有多種道經皆托名黃帝所作，如《黃帝九鼎神丹經訣》、《黃帝金樞玉衡經》、《黃帝龍首經》、《黃帝陰符經》、《黃帝內經》、《黃帝太乙八門入式秘訣》、《黃帝宅經》等等。內容涉及丹道、醫學、兵法、地理及巫術符咒等方面，說明黃帝神通廣大，在道教神系中，具有十分重要的地位。

宗教研究者應予注意的是，漢代十分流行的黃老道是道教得以產生的重要來源之一，而黃老道無疑是尊崇黃帝的。兩漢時期出現的大量托名黃帝的道術之書，就足以說明這一點。自張道陵創立天師道，尊老子為教祖，以後道教上清派又尊元始天尊為最高神，黃帝在道教神系中的地位相比較而言有所下降。道教創始，不依托黃帝而獨尊老子，看來這是一個應該深刻研究，然而却被忽視了的問題，可能從中可窺見中國古代宗教文化的部分特徵。

## 關聖帝君

儒學的孔夫子幾千年來被尊稱為『文聖人』，而明清以來中國又出了個『武聖人』，與孔聖人相提並論，這個武聖人就是『關聖帝君』。關聖帝君民間又稱為關公或者關二爺，過去

關　公

奉祀他的廟宇遍佈全國各地，其數量之多，幾佔全國之最，光是北京就有一百多座。關聖帝君的香火何以有如此之盛，考察一下中國社會的歷史，就會發現其中有着深刻的社會和歷史的原因。

關聖帝君在成為天神之前，原是三國時候蜀國的一名武將，據晉人陳壽的《三國誌》記載，他原叫關羽，字雲長，是河東解縣（今山西運城）人。東漢末年，天下大亂，關羽和劉備、張飛共同起兵，『恩若兄弟』。

曹操在官渡之戰前，分兵東征，大敗劉備的軍隊，俘虜了關羽。但關羽義不降曹，『身在曹營心在漢』，後來掛印封金，千里走單騎，最終與劉備團聚，奉命鎮守軍事重鎮荊州。劉備後為漢中王，拜關羽為前將軍，率軍進攻曹操。關羽奮起神威，水淹七軍，擒于禁，斬龐德，名震華夏。但是他後來驕傲輕敵，在吳國孫權派兵襲擊荊州時，敗走麥城，終至被殺。蜀後主景耀二年追謚為『壯繆侯』。相傳他死後，頭葬河南洛陽，身葬湖北當陽玉泉山，人感其德義，因以立祠，歲月奉祀。

後來，道教奉之為降神助威的武聖人，稱之為『關聖帝君』，簡稱關帝。自明清以來，不僅道教奉祀關帝，佛教有些寺廟也有祭祀關帝的，並且列為國家祭祀要典，又是民間供奉的對象。清初，其廟祀已遍及全國，香火極盛。

據《雲溪友議》、《北夢瑣言》等書記載，從魏至唐，關羽信仰在民間影響不是很大，時稱關羽為關三郎，尚祀為人鬼之流。自宋以降，關羽靈異神功始逐漸顯著。北宋時邊界浸弱，屢受外敵侵略，朝廷需要提倡勇武精神和民族氣節，於是就把集忠孝義勇為一身的關雲長抬了出來，作為忠武天神加以崇拜，因此從宋代以後，關羽就開始大走鴻運。

宋哲宗時，將關羽封為『顯烈王』。宋徽宗崇寧二年封為『崇寧至道真君』（見《茶香室叢鈔》）。宣和五年敕封為『義勇武安王』，令配祀於武成王姜太公（見《續通鑑長編》）。元代仍有教封，文宗天曆元年加封為『顯靈義勇武安英濟王』（《續文獻通考·羣祀考》）。至順二年封為齊天護國大將軍、檢校尚書、守管淮南節度使，兼山東河北四門關招討使，兼提調諸宮廟神煞天分地處檢校官、中書門下平章政事、開府儀同三司、駕前都統軍、冕寧侯、壯穆義勇武安英濟王、護國崇寧真君（見《鑄鼎餘聞》），這些尊號之中，既有宰相，又有將軍，可以說在關公身上幾乎集中了封建朝廷除了皇帝以外的所有高官的尊稱。

元末的通俗小說《三國演義》問世以後，關羽的名聲在社會上的影響更大，正如湖北當陽題關雲長的一副對聯所云：『漢朝忠義無雙士，千古英雄第一人。』很明顯，這樣既忠又義的英雄，正是宋、元之時外患紛擾、內亂不息的社會所需要的，所謂『時勢造英雄』，就是如此。明朝初年，朝廷祀為『關壯繆公』，與岳飛同祀於武廟，各地一般都稱關岳廟。

萬曆四十二年加封為『三界伏魔大帝神威遠鎮天尊關聖帝君』，又將關夫人封為『九靈懿德武肅英皇后』，關公之子關平封為『竭忠王』，關興封為『顯忠王』，並以南宋末大臣陸秀夫、張世杰為關聖帝的丞相（見《陔餘叢考》）。從此『關聖帝』的大名就在社會上普及開來。

清朝時期，關羽奉祀不僅在民間影響頗大，並且列為國家祭祀的要典。順治九年加封為『忠義神武關聖大帝。』康熙五年敕封為『忠義神武靈佑仁勇威顯護國保民精誠綏靖翊贊宣德關聖大帝』，勒石立碑於洛陽關林。

《陔餘叢考》卷三十五說：『今且南極嶺表，北極寒垣，凡兒童婦女，無有不震其威靈者。香火之盛，將與天地同不朽，何其寂寥於前，而顯爍於後，豈神鬼之衰旺亦有數耶？』其時之影響，蓋可想見。又《民間新年神像圖畫展覽會·附録六》謂清朝對關羽更為崇敬，『將皇室與全國置於其特殊保護下；得武帝尊號，與孔子並列。』關羽儼然成為人神之首，遂與文聖孔子齊肩而成為武聖。

近代以來，關羽還被人們視為武神、財神、及保護商賈之神。人遇有爭執時，並求其為明見決斷。甚而在旱時人民又向其求雨，又可抽求病人藥方。還被視為驅逐惡鬼凶聲之最有力者。後世還有假托關聖帝君的勸善文，如《關帝覺世真經》、《關帝明聖經》、《戒士子文》等，流傳頗廣。關聖帝在臺灣又稱為『伽藍爺』或『恩主公』，廟宇衆多，備受尊崇。相傳關聖帝君的神誕是農曆五月十二日。

# 岳飛元帥

岳飛是著名的民族英雄，南宋時的抗金名將。他字鵬舉，相州湯陰（今屬河南）人。《三柳軒雜識》說：『太學守土之神，岳侯也。』（《宋人軼事匯編》卷十五引）似乎在宋代被奉為土地之神，地位不甚高。《歷代神仙通鑑》、《列仙全傳》等則以岳飛為張飛、張巡之後身。到近代，又有稱其東嶽速報司之神者（見《北平風俗類證·歲時》）。

宋孝宗賜號『褒忠』，寧宗嘉定四年（一二一一年）追封為鄂王（見《宋史·岳飛傳》），宋理宗寶慶元年（一二二五年）改謚忠武（見《湯陰縣誌》）。道教將岳飛納入其神系，列為護法元帥之一。民間也有將岳飛作為門神敬奉的。

# 四、洞天真人

## 四大真人

道教尊奉的四大真人，即南華真人、沖虛真人、通玄真人、洞靈真人。

南華真人即先秦時的道家學者莊周，字子休，宋國蒙（今河南商丘北）人，著有《莊子》一書。唐玄宗天寶元年（七四二年）追封為南華真人，尊《莊子》為《南華真經》。宋徽宗時追封為微妙元通真君。

沖虛真人即著《列子》一書的作者列禦寇。唐玄宗天寶元年封為沖虛真人，尊其書為

《沖虛至德真經》。宋徽宗追封為致虛觀妙真君。

通玄真人據傳為文子，姓辛名開，一名計然，葵丘濮上人。相傳曾受業於老子，范蠡師事之，曾著有《文子》一書。唐玄宗天寶元年封其為通玄真人，尊其書為《通玄真經》。

洞靈真人即亢倉子，又稱亢桑子、庚桑子。又傳說為《莊子》中的寓言人物庚桑楚，陳人。得老君之道，能以耳視而目聽，道成仙去。傳說他著有《亢倉子》一書。唐玄宗天寶元年封其為洞靈真人，尊其書為《洞靈真經》。以上四位真人，道教稱為老君的四大弟子，其所著書統稱《四子真經》。

## 三茅真君

三茅真君，為漢代修道成仙的茅盈，茅固、茅衷三兄弟，是道教茅山派崇奉的祖師。據道經記載，三茅兄弟都生於陝西咸陽，大約是漢景帝時候的人。大茅君名盈，字叔申，少秉異操，獨味清虛，年十八，遂棄家入恒山修道，遇西城王君拜為師，授至真上道，得行服餌調神之法。後參訪各地名山洞府，至龜山遇見西王母，王母口授茅盈以玉佩金鐺之道、太極玄真之經，遂辭師歸至恒山北谷，時年已四十九歲。

三茅真君

茅盈

歸家拜見父母，父親怒其久出遠遊，欲用杖擊之，不意折成數段，於是知其道成，才不打他。當時茅盈之弟叫茅固，字季偉，官拜執金吾，三弟茅衷，字思和，為五官大夫，聽說兄長學道成仙，遂各棄官還家，尋見茅盈欲從學道。茅盈嘆説：二弟已經年老，上清昇霄大術難學，只可修行成地仙。於是三茅兄弟居於句曲山，苦行修道數年，茅固、茅衷也修成仙人。

後來三茅仙人至金闕朝見上帝，敕其分司三元，名轄三天，皆封為『九天司命三茅應化真君』。因此後人稱茅氏三仙為『三茅真君』，稱句曲山為『三茅山』，簡稱『茅山』。

關於三茅真君傳説，漢晉之間就已經流行，當時緯書中就有茅盈西謁王母求長生之道的記述。南朝成書的《真靈位業圖》將大茅君盈列在上清左位，稱『司命東嶽上真卿太元真人茅君』，因此後代又多以大茅君為『司命』之神，主掌人世生死。其弟茅固封為定録君，茅衷封為保命君。自此以後，吳越一帶建了許多的三茅真君廟以祭祀他們。

父老歌云：『茅山連金陵，江湖據下流。三神乘白鵠，各治一山頭。召雨灌旱稻，陸田苗亦柔。妻子咸保室，使我百無憂。白鵠翔青天，何時復來遊？』至今茅山的道觀仍供奉着三茅真君的神像。

# 許真君

許真君，相傳為晉代道士許遜，字敬之，南昌（今屬江西）人（見《三教源流搜神大全》與《列仙全傳》）。《十二真君傳》和《搜神記》又說他『本汝南人』。許遜為晉代著名道士，祖父許琰和父親許肅，都世慕仙道。傳說他少年時，有一次去田獵，射中了一隻母鹿，母鹿腹中的鹿胎墮地，它不顧自己的箭傷，折回頭來傷心地舔其子，不久就死去了。許遜見了，心中異常難過，悵然感悟，遂折弓棄矢，銳意為學。以後博通經史，通曉天文、地理、音律、五行、讖緯之書，尤其喜好神仙修煉之術。他師事著名道士吳猛，號稱大洞真君，《雲笈七籤》中又說許遜拜師時吳猛已死，由吳猛之子授其道術。

許遜四十二歲時舉為孝廉，又辟為旌陽縣（今湖北枝江縣北，別一說為四川德陽縣）令，治政廉簡，吏民悅服，時人感其德化，立生祠以供其像，因之後人稱為許旌陽。後來見晉室紛亂，於是棄官東歸，遨遊江湖。曾自言遇上聖傳授『太上靈寶淨明法』，有斬蛟擒妖之道法。傳說他曾鎮蛟斬蛇，為民除害，道法高妙，聲聞遐遠，時求為弟子者甚多。

許真君信仰從晉朝到唐代逐漸興盛，列名為十二真君之一，以後歷代奉祀。江西等地奉

許真君

許真君

祀尤其虔誠，其廟至近代香火尚盛，並與張天師，葛洪、薩守堅並為『四大天師』。其神蹟最著者，為誅蛟精（《酉陽雜俎》說是斬巨蛇）；《列仙全傳》又說他曾化炭為美女試門下數百人，不為污染者只有十人。

據說他在東晉孝武帝（三七三——三九六年在位）時，授以九州都仙太史高明大使之職，可見當時還未稱『真君』。直到宋徽宗政和二年，追封為『神功妙濟真君』，昇觀為宮（觀在今江西南昌西山），賜額為『玉隆萬壽宮』。南宋紹興年間，相傳西山玉隆萬壽宮道士何真公祈請許真君降臨解救戰亂，因得遜授《飛仙度人經》、《淨明忠孝大法》等；元朝時，道士劉玉採用『淨明』作為教派名稱，主要經典為《淨明忠孝全書》並奉許遜為教祖。由於淨明道强調忠孝，調合三教，在元明時期的士大夫中頗有影響，被譽為仙家之『最正者』，因此，從元明以至清朝，許遜之信仰相當普遍。

傳說許旌陽在世時活了一百多歲，當他昇仙之時，帶領家眷四十二口，『同時白日拔宅昇天，鷄犬亦隨』，留下『一人得道，鷄犬昇天』的佳話。現在江西南昌的西山玉隆萬壽宮為許真君的祖庭。據說宮名是宋徽宗親自書寫御賜的。

# 張三豐

張三豐是著名的道教神仙，自古以來關於他的傳説相當多。或名三峰，或名玄化，或名思廉，或説他是陝西寶鷄人，或説是山西平陽人，還有説是遼陽積翠山人，或者天目山人。實際上，張三豐從南北朝至明代有多人，時間延續一千多年，地域遍及大江南北，所以張三豐總是給人極為神秘的感覺。

北宋時的張三豐，又叫張三峰，傳説曾入華山謁見陳摶，居武當山，夜夢真武大帝傳以鵲蛇相門之拳法，而創武當内家拳法。明朝末年黄宗羲在《王征南墓誌銘》中説：『有所謂内家者，以静制動，犯者應手即仆，故别『少林』為内家，蓋起於張三豐。』後來武當内家拳作為中華武術代表之一，長期飲譽海内外。

元明時的張三豐字君寶，或叫君實，號玄子，父母墓在遼陽。據説他長得豐姿魁偉，大耳圓目，無論寒暑，身上只有一衲一蓑，有時一餐食數斗，有時數日一食，或者數月不食，長期不修邊幅，穿得破破爛爛，人稱『張邋遢』。後來到湖北武當山煉丹修道，在玉虛宮前結庵，最終煉成九轉金丹。據説他曾預言：『此山異日當大顯。』明朝洪武年間，朱元璋曾

張三豐

遣使訪求，但沒找到張三豐。明成祖朱棣也曾數次派人訪求天下，也未遇見，就專門在武當山為他修建了一座遇真宮，並建真仙殿，殿中供奉張三豐的銅鑄鎏金像。張三豐身穿道袍，頭戴斗笠，腳穿草鞋，一副仙風道骨，是道教藝術的珍品。

傳說明朝初年，張三豐曾來成都青羊宮居住，留有回文詩題刻，並在大邑鶴鳴山重建張氏上清宮。後人綜合文獻資料，輯有《張三豐先生全集》。明英宗時封張三豐為『通微顯化真人』，明世宗時加封為『清虛玄妙真君』。

## 安期生

古代談神仙，一般分為兩大部分，一部分是以海上蓬萊為代表的東部海派神仙，一部分是以崑崙山為代表的西部山派神仙。我們這樣說，並不是神仙自己劃分為這樣的兩大部分，而是後人為了研究的方便，以地域為特徵來如此劃分的。安期生就是屬於東部海上的神仙。《仙鑒》卷十三說：『安期生，琅邪阜鄉（今山東膠南）人，賣藥於東海邊，時人皆言千歲翁。秦始皇東遊請見，與語三日三夜，始皇異之。賜金璧度數千，出於阜鄉亭，皆置去，以赤玉舄一兩為報。留書曰：後千年求我於蓬萊下。始皇即遣使者徐福、盧生等數百人入海，未至蓬萊山，輒逢風波而還。』《史記·樂毅傳》、《漢書·郊祀誌》、《集仙傳》等書裡面都有關於他的神話故事。

《抱朴子·對俗篇》說，安期生和陰長生，『皆服金液半劑者也。其止世間，或近千年，然後去耳。』另有安期生仙者，食巨棗大如瓜，通蓬萊中，道教奉為東海蓬萊島上的活仙人。

# 尹真人

尹真人在道教神仙中的地位很高。相傳他是《史記》中所稱的關令尹喜，字公文，號文始先生，後世稱之為文始真君。一說他是周至縣龍鄉聞仙里（今陝西周至縣境內）人，或說他是天水（今甘肅天水市）人。道經中關於尹喜的傳說很多，說他少好墳索，善天文秘緯，在周康王朝時為大夫，官至東宮賓友。

昭王時，因瞻紫氣西邁，天文顯瑞，知老子當度涵谷關西去，乃求為關令。尹喜預先齋戒，使人掃道焚香以候。老子至，執弟子禮，說：『子將隱矣，强為我著書。』（見《史記·老子韓非列傳》）老子遂授以《道德》五千餘言而去。遂辭官歸隱於今周至樓觀，因結草為樓，觀星望氣，故名樓觀，長期在此修老子之道。

道教形成後，以老子為教主，稱為太上老君。隨着老子地位的不斷提高，尹喜的身世、神蹟被越衍越奇，傳說天帝授他為無上真人，賜紫芙蓉冠，飛青羽裙，丹褥緑袖，交泰霓裳，羅紋黄綬，九色之節，居於二十四天王之上，統領八萬仙士。後來又衍生出尹軌，說是尹喜之從弟，也稱尹真人。尹真人在道教中地位崇高，常配祀於老子側。元順帝至元三年加封文始尹真人為無上太初博文文始真君。

## 彭祖

彭祖歷來被作為長壽的象徵，人們常說『壽如彭祖』。傳說他是古代的仙人，姓籛，名鏗，為陸終之子。《列仙傳》與《神仙傳》都記載得有他的事情，說他仕殷為大夫，活了八百多歲，常食桂芝，善導引行氣。殷王曾派採女問道於彭祖，後來周遊天下，昇仙而去。《莊子·刻意篇》說：『導引之士，養形之人，彭祖壽考者之所好也。』因此後世多將彭祖作為長壽者的代稱。四川有彭山縣，據說是彭祖的故鄉，現在建有彭祖廟，塑有彭祖像，還生產有彭祖酒，一九九三年還在那裏召開了一次長壽文化研討會。

彭 祖

## 赤松子

赤松子，或稱『赤誦子』，古代傳説中的仙人。《列仙傳》謂其為神農時雨師，『服水玉以教神農，能入火自燒。往往至崑崙山上，常止西王母石室中，隨風雨上下。炎黄少女追之，亦得仙俱去』。

又據《韓詩外傳》，赤松子曾為帝嚳之師。《楚辭·遠遊》云：『聞赤松之清塵兮，願承風乎遺則。』相傳赤松子曾遊於金華之山，故山上有赤松祠、赤松澗（《太平寰宇記》）。漢時名臣張良功成以後，為求退身之計，對漢高祖從容言曰：『願棄人間事，欲從赤松子遊耳。』

## 寧封子

寧封子，又稱『龍礄真人』，古代傳説中的神仙。據《列仙傳》載，他原為黄帝陶正，

赤松子

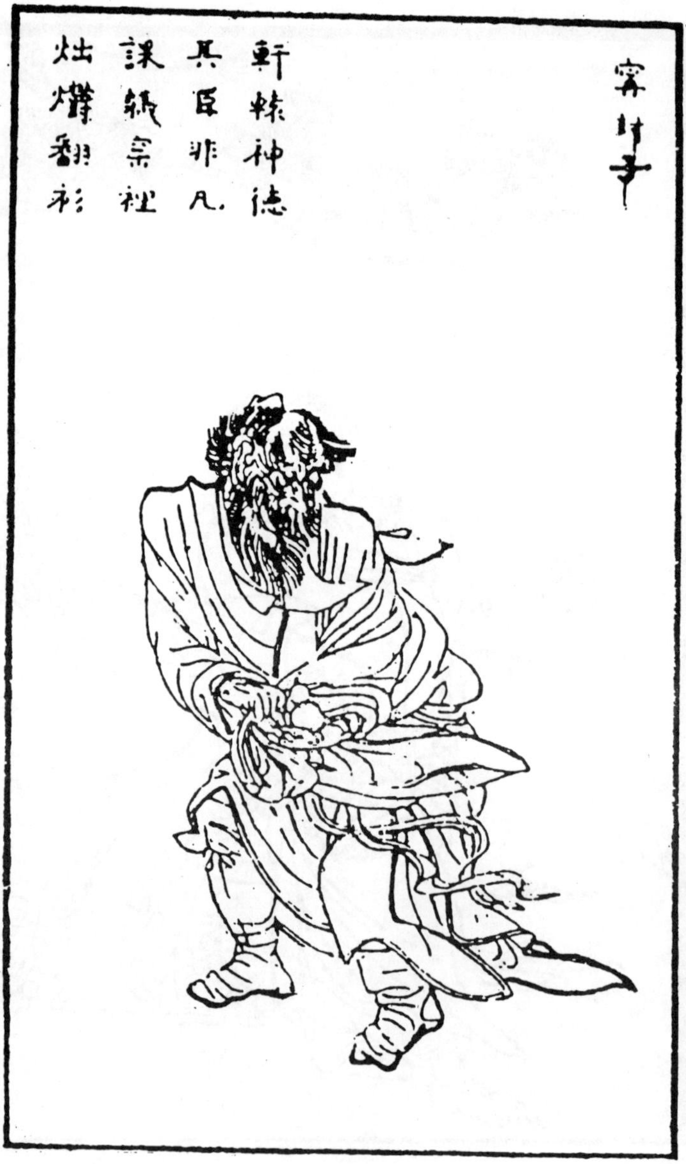


寧封子

有人過其處，為其掌火，能出五色煙，久則以教封子。後授黃帝以《龍蹻經》，被封為『五嶽真人』，戴蓋天冠，著朱紫袍，佩三庭印，總司五嶽。封子積火自焚，隨煙氣上昇，視其灰燼，猶存其骨，時人共葬於寧北山中。

## 赤精子

赤精子，相傳為顓頊時人，曾說《微言經》，教以忠順之道。《漢書·李尋傳》中說，漢成帝時，齊人甘忠可托言『天帝使真人赤精子下教我此道』。道教奉之為真人。據《列仙傳》的記載，似為雨師赤松子的老師。

## 容成公

容成公，傳說中的仙人。《神仙傳》說他『字子黃，道東人。』《列仙傳》稱他為老子之師，又說曾為黃帝師。先是在太姥山修仙，後來又到崆峒山修道，年至二百多歲，善行導引之術，保精煉氣，老而轉少。相傳容成公擅長房中術，《漢書·藝文誌》著録有《容成陰道》二十六卷，為後人偽托，早佚。《抱朴子·遐覽篇》也著録有《容成經》。後來被視作房中之術的先祖。

## 廣成子

廣成子，古代傳說中的仙人。據《莊子·在宥》記述，廣成子是軒轅時人，隱居於崆峒山石穴之中，黃帝立為天子十九年，曾往崆峒山詢問至道之精，廣成子回答說：『至道之精，窈窈冥冥，至道之極，昏昏默默。無視無聽，抱神以靜，形將自正。』並提出『守一』、『處和』的修道原則，自謂以此法修身，至一千二百歲，容顏未曾衰老。言『得吾道者，上為皇而下為王；失吾道者，上見光而下為土』。於是授黃帝《自然經》一卷。

後來北宋蘇軾據《莊子》所載廣成子言作《廣成子解》，主張清靜保真，長壽不殆。道教尊為『十二金仙』之一。

# 八仙

道教神系中被人們廣為傳頌，幾乎家喻户曉的仙人，大概要數『八仙』了。現在所稱的八仙，一般是指『李鐵拐、鍾離權、張果老、吕洞賓、何仙姑、藍采和、韓湘子、曹國舅等八位神仙』。歷史上，關於『八仙』的組合與傳説由來有所不同，吕洞賓，張果老等八位神仙，實際是經過宋、元、明三代的演變，逐漸相配定型的。

早在漢代，就有淮南王劉安的『八公』，在劉安門下，是撰寫《淮南子》的作者，魏晉以後，《神仙傳》將他們附會為神仙。晉代相傳有『蜀中八仙』，他們是容成公、董仲舒、張道陵、嚴君平、李八百、范長生等人。

唐代盛傳『飲中八仙』，即李白、賀知章、李適之、崔宗之、蘇晉、張旭、焦遂等幾位飲酒成痴的詩人。上面提到的劉安八公、蜀中八仙與飲中八仙，都與後來道教的『八仙』不相涉，但這種稱呼極可能給予後世『八仙』的形象以相當的影響。

現在民間傳説的八仙大致産生於元代。據《通俗編》説，元人雜劇如馬致遠《岳陽樓》、《竹中船》等，『皆舉稱仙者八人，與世俗所繪符其七』，只是缺了一位何仙姑，而有所謂余

漢鍾離（權）　張果老　韓湘子　李鐵拐

八　仙

藍采和　　呂洞賓　　曹國舅　　何仙姑

八　仙

仙翁。明人《列仙全傳》中的『八側』無張果老，而有劉海蟾。《西遊記》中的『八仙』無張果老、何仙姑，而有風僧壽、玄壺子，可知八仙在明初尚未定型化。一直到明代吳元泰的《八仙出處東遊記》出來以後，民間傳誦，家喻户曉，八仙才最後組合定型。

八仙之中，有的是傳説仙人，有的確實是歷史人物。如呂洞賓、張果老都是史籍有載的人物。自明清以來，八仙的故事民間傳誦，在一些道教的宮觀，也塑有或繪着八仙的神像。西安有座『八仙宮』，十分有名，宮中建有八仙殿，專門奉祀呂洞賓等八位仙人。八仙宮的前面有一塊石碑，上書『長安酒肆』四個大字，旁邊刻有『呂純陽先生遇漢鍾離先生成道處』。傳説呂洞賓成仙之前，長期懷才不遇，後來在長安酒肆遇見漢鍾離，經他點撥，黃粱一夢，幡然醒悟，於是隨從漢鍾離修道，終於成仙。這個人們十分熟悉的『黃粱一夢』的故事，據説就發生在這裏。現在遊人至此，看見這個石碑，懷古之情不禁油然而生。

民間流傳有許多關於『八仙』的故事，其中以『八仙過海』、『八仙祝壽』等最為有名。現在人們常説：『八仙過海，各顯神通』。

這個故事的内容是：天上的王母娘娘在瑶池設宴，招待衆位神仙，八仙應邀而來，在席間喝得酩酊大醉，告别王母，欲渡東海而歸。八位神仙乘著酒興，各自使出自己的法術，李鐵拐將鐵拐投在海上，乘風而渡，接着張果老用紙驢，呂洞賓用洞簫，何仙姑用竹罩，鍾離權用拂塵，韓湘子用花籃，藍采和用拍板，曹國舅用玉版，都施展各自的看家本領，共渡東海。誰知東海龍王的兒子看見寶貝起了貪心，率領兵將搶了藍采和的拍板，另外七位仙人大怒，跳入海中與龍王大戰，大鬧龍宮。最後太上老君與觀世音出面調解，才得了事。現在許多道觀中都繪有八仙過海的圖像。

## 鍾離權

關於鍾離權的傳說很多，他是『八仙』之一，仙名也不少，據傳他姓鍾離名權，號雲房先生，又稱鍾離子，有些道經中又將他稱為漢鍾離，京兆咸陽（今屬陝西）人。全真道教尊奉為『正陽祖師』，《金蓮正宗記》中將他列為北五祖之一。

八仙之中，鍾離權的來歷頗曖昧不明。一說他是漢時候的人，其父鍾離章是東漢的大將，其兄鍾離簡曾官居中郎將，為武將世家。因為他『自幼知輕重』，他的父親便給他取名為『權』，大概希望他好好衡量世事，選擇去向。後任朝廷諫議大夫，奉詔出征吐蕃，結果戰敗，遁入森林之中，得遇東華先生王玄甫，經過指點，頓悟真道，受傳長生真訣、金丹火候與青龍劍法。

《列仙全傳》說他自此後改名為覺，字寂道，號和谷子，又號玉陽子。不久遇華陽真人

羽扇星蒼苔活髯眉來
神仙毛一事些居謝花閑
懷十子并題於此上一梁沫慕

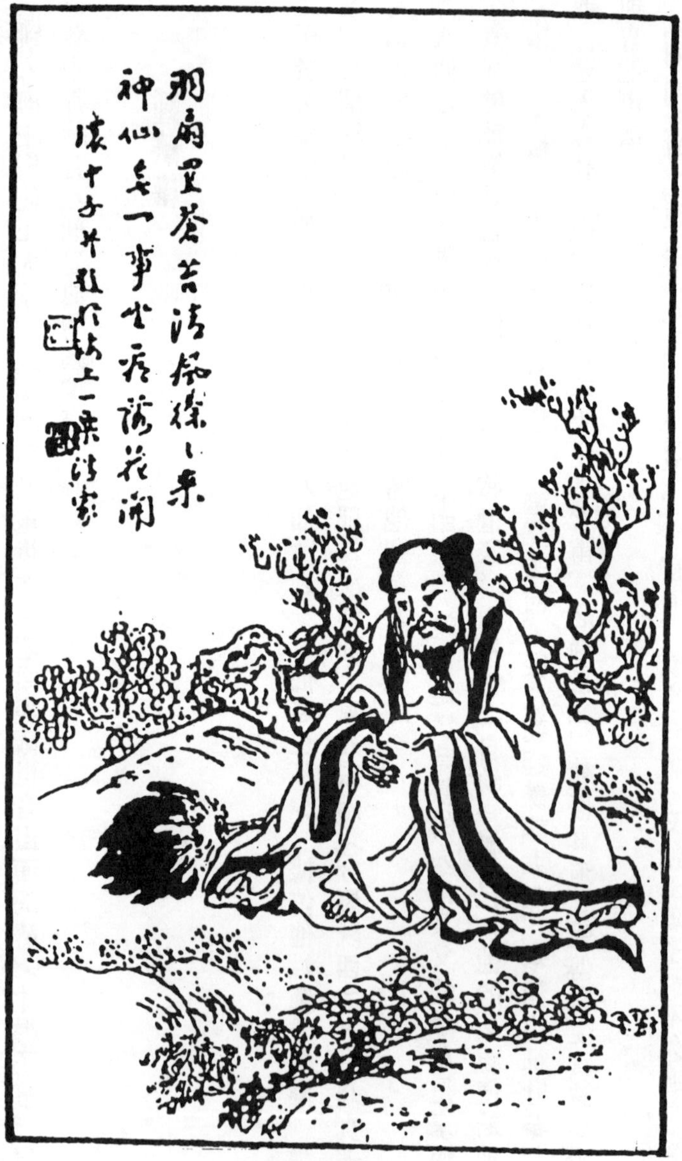

漢鍾離

教以太乙刀圭、火符内丹，得以通曉『玄玄之道』。《歷代神仙通鑑》又說他往崆峒山訪道，謁見太上老君，得其真傳，天帝下詔封為『太極左宮仙人』。元代雜劇《呂洞賓三醉岳陽樓》中說：『漢鍾離現掌着羣仙録』，好像他成為真仙以後做了管理羣仙衆真的仙官。

明人張岱撰輯的《夜航船》卷十九說：『漢鍾離，名權，字雲房，以裨將隨從周處與齊萬年作戰，敗逃終南山，遇東華王真人度為真仙。至唐代出來，自度呂巖，稱為『天下都散漢』。周處為晉代建威將軍，被氐人首領齊萬年所殺。按照這種傳說，則鍾離權為晉人，原為周處將軍的偏將。因自稱『天下都散漢鍾離（權）』，後人將『漢』字連下讀，遂誤成『漢鍾離』。

考察有關鍾離權的傳說，發現大都出現在宋初，在《宋史·陳摶傳》中有坐吉道人『鍾離子』；《王老志傳》中記有『鍾離先生』，以丹道授老志。另外《宣和書譜》、《夷堅誌》等書中也有關於神仙鍾離權的記載。一直到元、明時期，關於他的身世來歷與仙術的傳說才漸漸多了起來。從宋人的記載來看，鍾離既為呂巖之師，又與陳摶為友，則漢鍾離的『漢』應該是五代時劉智遠所建的後漢。總起來看，『八仙』中的鍾離權實際是綜合了漢將鍾離昧、晉代鍾離權、唐末道士鍾離先生、後漢鍾離等人的傳聞身世而被塑造成的著名神仙。

《歷代神仙通鑑》中提到蜀中女仙李真多曾授他太乙刀圭與火符之訣，看來鍾離的出世又似與蜀中李家道有一定關係。

鍾離權的形象常是坦胸露腹，手搖棕扇，大眼睛，紅臉面，頭上扎著兩個大丫髻，神態自若，一副天塌下來也滿不在乎的模樣。《全唐詩》中收有題名為鍾離權的三首絕句，據說題於長安酒肆，其中第一首傳頌較廣：『坐卧常攜酒一壺，不教雙眼識皇都。乾坤許大無名姓，疏散人間一丈夫。』讀來頗有仙風道味。

## 呂洞賓

呂洞賓是『八仙』中傳聞最廣的神仙。據道書記載，他姓呂，名巖，字洞賓，一般認為他是唐朝人，但關於他的身世却有多種不同的說法。有說呂洞賓曾在唐懿宗時進士及第，為避亂世而隱遁江湖；也有說他是唐禮部侍郎呂渭的孫子，海州刺史呂讓的兒子，由於仕途多蹇，轉而學道；還有說他是唐代宗室，姓李，武則天改朝殲滅唐宗室子孫，於是携妻子隱居碧水丹山之間，因姓呂，居於崖石之下，故名巖，常洞棲，故號洞賓。

呂巖得道成仙的故事，以《夜航船》之說較為流行。說呂洞賓落拓風塵之時，曾於旅途中遇見鍾離權，向其述說平生不得志之事。鍾離熬粥，使洞賓酣睡。睡中夢盡生平興衰，醒來米粥尚未熟。『洞賓感悟，遂拜鍾離求其超度』。這種傳說實際是從唐代傳奇《枕中記》的

呂洞賓

『黃粱夢』故事演變而來，只不過將呂翁點化盧生換成了鍾離權超度呂洞賓。宋人畫有巨幅《鍾呂問道圖》，是表現兩人早期情誼的畫像。

《宋史·陳摶傳》記載，說呂洞賓是關西人，通劍術，年百餘歲，似是一位兼通武術的長壽道人。《全唐詩》收有呂巖詩二百多首。由此來看，歷史上的呂洞賓可能實有其人。後來道教和民間給他編造了許多神仙故事，成為以『劍仙』、『酒仙』、『詩仙』而聞名於世的仙人。說他在貞觀年間由仙鶴化生，道骨仙風，左眉角一黑痣，足下有龜紋。及長，身高八尺二寸，白黃微麻，面有長鬚，喜戴華陽巾，樣子像漢代的張子房，又有些像太史公司馬遷。後來遇漢鍾離，經過生死財色十試，皆無所動，遂受金液大丹與靈寶畢法。又遇火龍真君，傳日月交拜之法。又得火龍真人天遁劍法。遊歷天下。斬蛟除害，為民所敬。

據《列仙全傳》等書記載，呂洞賓誓願度盡天下衆人，認為善為通天堂之路，惡為入地獄之階，『天堂地獄，非果有主之者，時由人心自化成耳』。又認為仙、佛都是慈悲為懷，故『仙猶佛耳』。呂洞賓的『仙人之劍』相當有名，在於一斷貪嗔，二斷愛慾，三斷煩惱。這些思想皆給予宋代的道教教理以一定的影響。現存的《純陽呂真人文集》實際是諸多呂仙的詩文（包括扶乩、仙筆）合集，真偽混雜。甚至宋代王則起義亦用李教與呂洞賓之名，再有顏洞賓與白牡丹的故事也串入呂仙事蹟之中。呂洞賓在宋代封為妙通真人。元代封『純陽演正警化孚佑帝君』，後世又稱『呂純陽』。據《列仙全傳》記述，呂仙誕生於唐貞元十四年四月十四日，故道教常在此日設齋醮以誌紀念。苗善時廣搜呂仙事蹟，編為《純陽帝君神仙妙通記》，以後又有《八仙出處東遊記》，呂洞賓的仙人形象於是廣泛深入民間，甚至婦孺皆知，全國各地建了許多的呂祖祠廟，歲時奉祀。

呂洞賓後被全真道奉為『北五祖』之一，通稱『呂祖』。

## 李鐵拐

李鐵拐，又稱鐵拐李，是『八仙』中資歷最老的神仙，關於他的傳說相當的多。有說他叫李元中，也有說他叫李凝陽，還說他叫李孔目或李洪水。《集說詮真》引書說他是西王母點化的仙人，封為東化教主，授給鐵拐一根，前往京師化漢將軍鍾離權，加封紫府少明君。但是道書中記述他為得道隱士，形貌魁偉，後赴老君華山之會，將其屍魄留在洞中，囑咐他的弟子謹守七日，不能移動。想不到在第六天的時候，弟子急於回家探視母病，於是將其形放火燒了。李孔目返回以後無形魄可依，乃附在一餓殍之屍而轉世復生，變得形貌醜陋，還跛了一隻腳。太上老君見他太醜，擔心他這樣傳道不方便，於是授他金箍以束亂髮，授鐵拐一根以拄跛腳，世稱『鐵拐李』，常跟隨老君同遊，闡道濟人。

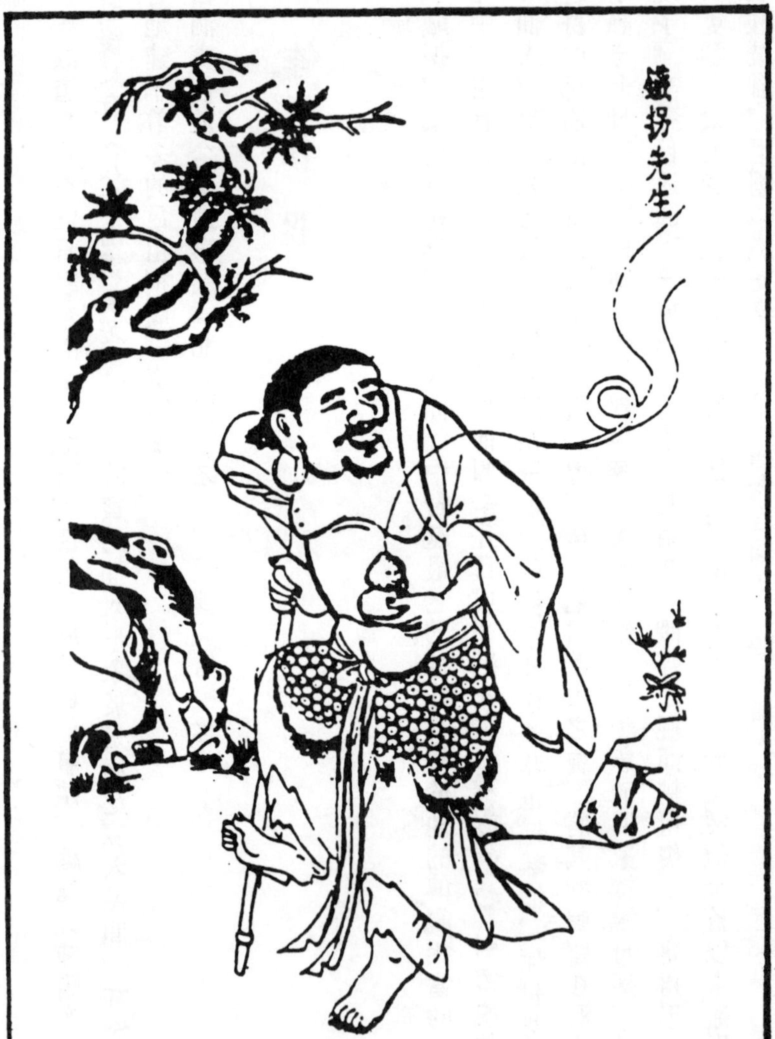


李鐵拐

元、明時期，民間又傳說李鐵拐為呂洞賓弟子，岳百川著有《呂洞賓度鐵拐李岳》，說鐵拐另姓李名岳。另外還有《鐵拐李度金童玉女》等。現在畫的鐵拐李形象常背一葫蘆，據說裏面裝有仙藥，下降人間時，專門用來治病救人。

## 張果老

張果老倒騎毛驢，是人們熟知的故事。據史籍記載，張果老是唐代的一位術士，常隱居於恒州中條山，往來汾、晉之間，世間相傳為數百歲之人。唐玄宗時，召入宮中，數問神仙之事，皆語秘不傳。玄宗見其容顏衰老，問他得道之人為何如此，張果老乃大言回答說：『余是堯時丙子年人』，『時為侍中』。

後來唐玄宗打算將玉真公玉嫁給張果老，他大聲唱道：『娶婦得公主，平地昇公府，人以可喜，我以可畏。』固不奉詔，可見還是有見識之人。不久玄宗封張果老為銀青光祿大夫，號通玄先生。張果老懇辭還山，未幾卒於恒山蒲吾縣，其弟子說他『屍解成仙』，皇帝專門修建了一座棲霞觀來奉祀他。

民間傳說張果老常背着一個道情筒，倒騎一白驢，日行萬里，雲遊四方，夜晚則把驢疊

張果老

成一張紙，放在巾箱中，騎乘時以水灑之，又變成一隻驢。後人題詩說：『舉世多少人，無如這老漢；不是倒騎驢，萬事回頭看。』其意在警喻世人。

## 藍采和

藍采和是『八仙』之一，他的形象大多是一位看破紅塵、很有才氣的青年隱士。據南唐沈汾《續仙傳》的記述，藍采和原來是行丐道人。常穿破爛衣衫，一腳著靴，一足赤，著闊腰帶，持大拍板，醉而踏歌。其詞云：

踏歌藍采和，世界能幾何？紅顏一春樹，流年一擲梭。古人混混去不返，今人紛紛來更多。朝騎鸞鳳到碧落，暮見桑田生白波。長景明暉在空際，金銀宮闕高嵯峨。

多率爾而作，頗有神仙意味，人不能測。常遊於市上，有人以錢予之，則穿在腰間一長繩上，拖地而行，或有散失，也不回顧，若遇見窮人，往往隨手給予，或者用來買酒喝。後來遊濠梁之間，醉於酒樓，乘鶴仙去。金代文學家元好問有詩題其像云：『長板高歌本不狂，兒曹自為百錢忙。幾時逢著藍衫老，同向春風舞一場。』

藍采和

藍仙本為男子，但後來戲曲中常扮演為女裝。元好問認為藍采和並非姓藍，而是他常穿藍衫，所以才有這個名稱，詩中說：『自驚白鬢似潘安，人笑藍衫似采和』。

## 韓湘子

韓湘子是『八仙』中的斯文公子。他在歷史上好像是實有其人，傳說是唐代著名文豪韓愈的侄孫，曾登長慶三年（八二三年）進士，官至大理丞。姚合有《答韓湘詩》說：『昨聞過春闈，名繫吏部籍。三十登高科，前途浩難測。』看來是一個在官場中得志的公子。韓愈貶官潮州，在途中賦詩相贈，有《左遷至藍關示侄孫湘》與《宿曾江口示侄孫湘》兩首。這些並不言韓湘有仙人奇術。

與韓愈同時的段成式著有《酉陽雜俎》，說韓愈有疏從子侄學道成仙，能造逡巡酒，頃刻花開。於席上聚土開化，瓣上現一聯，即藍關詩中的『雲橫秦嶺家何在，雪擁藍關馬不前』。但該書並未說韓之侄子就是韓湘。至宋代劉斧《青瑣高議》，才將這段仙話與韓湘聯繫起來，自此以後，韓湘遂成為道門仙人。后來的戲曲小說中又多稱其為韓湘子。據傳韓湘曾是呂洞賓的弟子，元明之時，列名八仙之中。

韓湘子

明朝末年楊爾曾撰有《韓湘子全傳》一書，共三十回，敘述韓湘子經鍾、呂二仙點化成仙的故事。民間還流傳有《藍關寶卷》等。在「八仙」中，韓湘子的形象為一手執長笛的美俊青年。

## 曹國舅

八仙中七位都是江湖散仙，只有一位當官的，這就是曹國舅。相傳他是宋仁宗曹皇后的弟弟，名叫景休。早年夥同二弟橫行不法，草菅人命，後來被包公斷以國法，蒙大赦獲釋，於是入山修道，遇呂純陽點化，收為弟子。或說他出家時，皇帝賜以金牌一面，後來渡黃河無船資，就將金牌作抵，遇見呂洞賓，遂悟道與之同遊，名列八仙。

《宋仙列傳》中記載了一則曹國舅巧遇漢鍾離和呂純陽的故事，幾位神仙之間的問答頗有意味。二仙問曹國舅說：「聞子修養，所養何物？」對曰：「養道。」曰：「道何在？」曹以手指天。曰：「天何在？」曹以手指心。二祖笑謂曰：「心即天，天即道。子親見本來面目矣。」這則記載很有些禪宗公案的味道。

曹國舅的形象經常是頭戴紗帽，身著紅袍官服，與其他仙人的隱士打扮迴不相同。

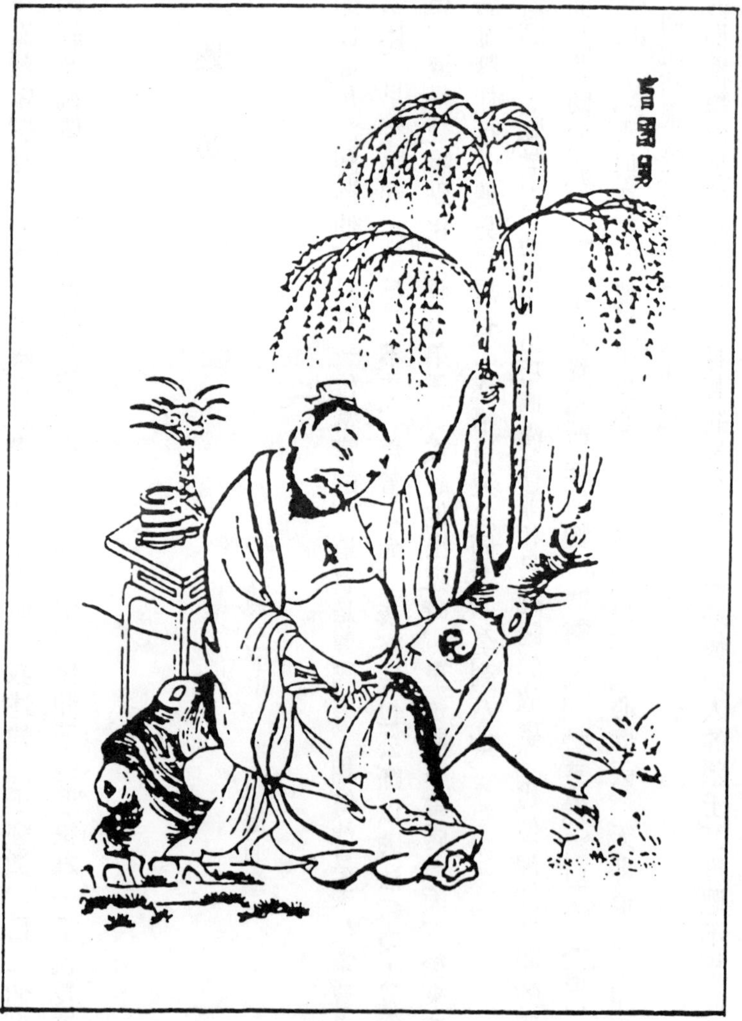


曹國舅

# 薩真人

薩真人，又稱崇恩真君，相傳為宋代著名道士，姓薩名守堅，號全陽子。或說他是蜀西河（今四川崇慶縣西）人，或說是南華人。元代趙道一的《歷世真仙體道通鑑》續編卷四有《薩守堅傳》，說他『自稱汾陽薩客』。

相傳薩守堅年少時曾經學醫，因誤用藥殺人，於是棄醫學道。曾學道法於第三十代天師虛靜先生、林靈素及王侍宸，法成以後，遂遨遊江湖，濟貧憐苦，為民除害，聲譽漸著。後被稱為崇恩真君，又說玉帝命其為天樞領位真人（見《三教源流搜神大全》、《列仙全傳》等。）傳說他將玉樞火府天將王靈官收為部將，傳其符法。但是在民間王靈官之名聲遠比薩真人大。

明代永樂年中，因為道士周思得能傳靈官法，於是在禁城之西建天將廟與薩祖殿，其香火盛及一時。在道教中，張天師、葛洪、許遜、薩守堅並稱為『四大天師』。

薩真人

# 五、民俗諸神

## 豐都大帝

人們都知道閻王掌管陰曹地府，但是道教的豐都大帝也是主宰陰府地獄的冥神。在中國的神靈世界中，地下冥府的主神歷來有幾種說法：一說為東嶽泰山之神，這是源於古代的山嶽崇拜；一說為地藏、閻羅，這原是佛教的地獄之神；而豐都大帝却是道教所獨有的。

這位冥神的起源較早，但後來却發生很大的變化。相傳源於晉代葛洪所著的《元始上真衆仙記》中有五方鬼帝說：東方鬼帝治桃止山；南方鬼帝治羅浮山；西方鬼帝治嶓冢山；中

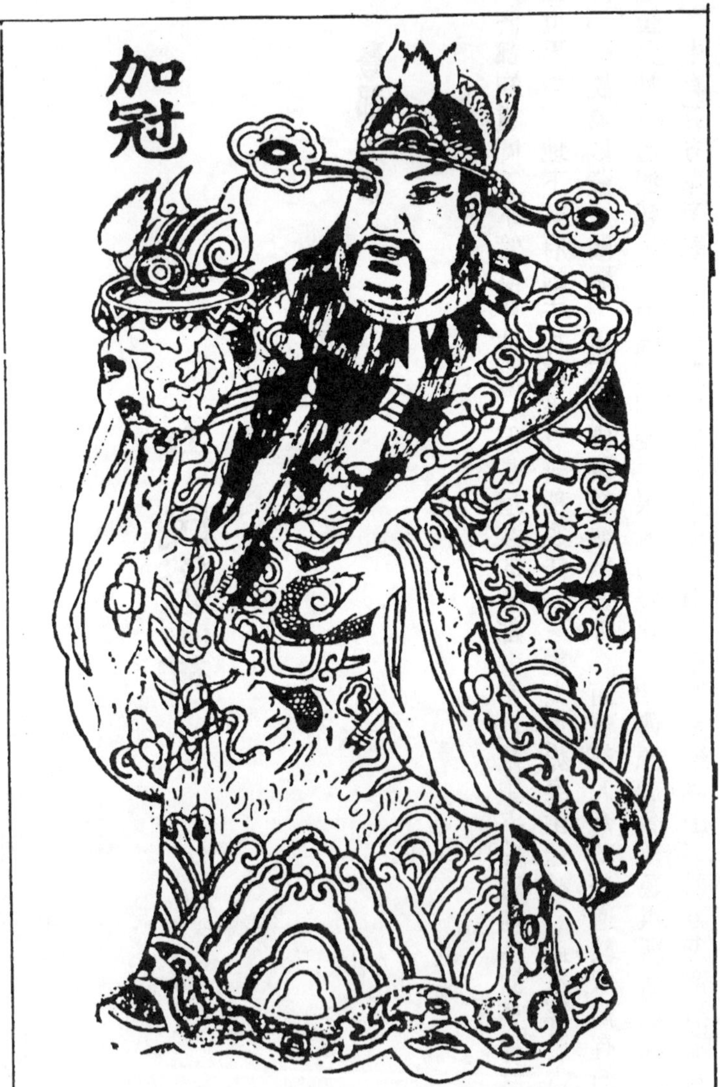
加冠

晋祿

豐都大帝

黑白無常

央鬼帝治抱犢山；而北方鬼帝為張衡、楊雲，治羅豐山。

梁朝道士陶弘景的《真靈位業圖》進一步描述說：『神階第七中位為『豐都北陰大帝』，註云『炎帝大庭氏』，諱慶甲，為天下鬼神宗，治羅豐山，三千年而一替。《真誥》說，羅豐山在北方癸地，山上有六丁鬼神之宮，是為六天。第一宮名明紂絕陰天宮，第二宮名泰煞諒事宗天宮，第三宮名晨耐犯武城天宮，第四宮名恬昭罪氣天宮，第五宮名宗靈七非天宮，第六宮名敢司連宛屢天宮。傳說一般人初死後都要以第一宮受事，而聖賢之人死去是先到第三宮受事，看來人不但生前有等級差別，死後受事也是有差別的。

唐宋以後，世人遂將四川豐都縣作為北方鬼帝的治所。這在宋人的筆記小說中多有記載。如范成大《吳船録》云：『忠州豐都縣，去縣三里有平都山，相傳為漢代王方平、陰長生修道成仙之處。』洪邁《夷堅誌》也說：『忠州豐都縣有豐都觀，其山曰盤龍山，即道家所稱北極地獄之所。』這種演變實際來源於民間的訛傳。

王方平和陰長生都是道教的仙人，二人於豐都修仙，後人相傳為『陰王』，遂以為陰間之神王，於是北方陰王的治地就從羅豐山移到了四川豐都縣，豐都自此以後成為『鬼城』，為幽冥之王所居地。

## 醫王

醫王，又稱『三皇』，傳說為三位古代的聖人伏羲、神農、黃帝。相傳伏羲治療人民疾病，神農親自遍嘗百草，黃帝著醫書（即《黃帝內經》，實際是秦漢時人托名黃帝而作的），後人為了紀念這三位解救人民疾苦的人，於是將他們奉為神靈加以祭祀。

元朝時候，下令郡國通祀『三皇』，道教納入其神系，奉為『醫王』。明、清之時，全國各地建立了許多三皇廟，有的地方又稱醫王廟，廟內正中祭祀伏羲、神農、黃帝，兩旁配祀岐伯、伯高等神醫，人們如果生病就往醫王廟去燒香叩頭，祈求醫王保佑，早日好轉。

## 藥王

凡是人都有生病的時候，一旦生病，少不了求醫找藥，因此民間除了信奉醫王之外，自古以來許多人還信奉藥王。從全國來看，各地信奉藥王不止一人，多與當地的民俗有關。其

藥　王

中民衆信仰比較普遍的，主要有古代的名醫孫思邈、扁鵲等人。

藥王之中，最著名的數唐代神醫孫思邈。據傳他是京兆華原（今陝西耀縣）人，為了好學深思，性好道家之學，長期隱居終南山，行醫修道，唐太宗和唐高宗數次派人到山中請他到京城做官，都辭謝不就，志在山林，終其一生。北宋崇寧二年（一一〇三年），追封為『妙應真人』。他所著的《千金方》行世以後，救活了不少的病人，因此後人將他尊為藥王，又稱為真人。孫思邈生前曾在五臺山隱居過，為了紀念他，後人就將五臺山稱為藥王山。唐初『四傑』之一的盧照鄰曾經評說：『邈道合古今，學殫數術。高談正一，則古之蒙莊子；深入不二，則今之維摩詰耳。其推步甲乙，度量乾坤，則洛下閎、安期先生之儔也。』

明末清初時流行有《藥王救苦忠孝寶卷》，敘述孫思邈救助白蛇，後來得道成為藥王的故事。

扁鵲是中國歷史上著名的神醫，據說他姓秦，名越人，古代渤海郡的人。他精於醫道，曾遇異人授以秘方奇術，能用眼睛視人五臟症結，戰國時行醫於齊、趙等國。《列子·湯問》中記載扁鵲為魯公扈和趙齊嬰等人治病，『剖胸探心，易而置之』，天下聞之，譽為神醫。傳說黃帝的太醫名扁鵲，故以其名稱之。秦太醫令嫉妒其醫術高明，暗地派人把他刺殺了。據《稗史匯編》說，扁鵲墓在河北任丘縣，當地有藥王祠。宋朝時詔封為『靈應侯』，後來封為『神應王』。相傳四月二十八日是藥王神生日，每年四月民間有藥王會，其俗相沿至今。

另外還有唐代的韋慈藏、韋善俊、韋古道等人被民間尊奉為藥王。韋慈藏是唐代的名醫，京兆（今陝西安市）人，後來稱為韋真人。《月令廣義·五月令》中記載五月十五日是藥王韋真人的仙日。韋善俊是唐朝武則天時候的人，十三歲遂奉長齋，後遇道士授以秘要。常携牽一條黑犬，呼為烏龍。傳説有一天黑犬化為烏龍，韋善俊乘之仙化而去。韋古道又稱韋老師，西域天竺人。開元中入京師，腰繫葫蘆數十枚。廣施藥餌，治病多有奇效。唐玄宗召入宮中，賜號藥王，朝野稱為藥王菩薩。

全國各地建有許多藥王廟，然而最大的數河北安國的藥王廟。廟中奉祀漢開國功臣邳彤，在邳彤神像的兩旁，塑有華佗、張介賓、扁鵲、張仲景、孫思邈等十大名醫的像，歲時祭祀，香火興旺。

## 二郎神

讀過《西遊記》的人，大都熟悉灌口二郎神。這位神仙的形象是一位英姿勃勃的武將，額上開有天眼，一手執三尖兩刃刀，一手牽哮天犬，在《西遊記》中和孫悟空打得難解難分。作為神話人物，二郎神的來歷同幾位古人都有關係。

二郎神

二郎神

一是指秦朝蜀（今四川）郡守李冰的兒子。宋代朱熹的《朱子語類》說：『蜀中灌口二郎廟，當時是李冰因開離堆有功立廟，乃是他第二兒子。』《常熟縣誌》記載，蜀郡太守李冰之子曾除蜀郡都江之蛟孽，有水功，故立廟。該廟原來祭祀蜀王杜宇，名叫『望帝祠』。公元四百九十四年至四百九十八年之前，益州刺史劉季連將『望帝祠』遷到郫縣，原址改祀李冰，命名『崇德廟』，宋朝初年增塑李二郎像。自五代王建據蜀以後（九九〇——九三五年），因李冰父子相繼被敕封為王，到清初於是改名為『二郎神廟』。李冰是歷史上實有其人的，修建都江堰，造福人民，貢獻很大，至今四川人民仍在紀念他，但是對他有無兒子却頗多争議。

二是指隋之趙昱。《蘇州府誌》說，趙昱在隋朝時任嘉州太守，遇有蛟患，於是奮勇入水斬之，為民除了大害。他逝世以後，逢嘉州水漲，蜀人看見趙昱在霧中乘白馬越流而過，因而在灌口建廟紀念，並稱他為『灌口二郎神』。《龍城録》與《三教源流搜神大全》說趙昱字仲明，與其兄趙冕隱居青城山，師事道士李珏。隋煬帝（六〇五——六一七年在位）不知其賢，起為嘉州太守。隋末天下大亂，趙昱棄官隱去，不知所終，唐太宗時封為『神勇大將軍』，宋真宗追封為『清源妙道真君』。

明清以來，民間常以東嶽的炳靈太子為火神，而以灌口二郎神為水神。舊時除了四川以外，全國許多地方都建有二郎廟，凡是遇到水災，就向二郎神祈禱，據說頗有靈應。

## 魁　星

過去，幾乎每個城鎮都有魁星樓或者魁星閣，供奉一位青面獠牙，赤髮怒目的神。一般這位神是站立在鰲頭之上，一隻手捧斗，另一手拿筆，一隻腳向後翹起，好像一隻大彎勾，它就是天下聞名的魁星神。

究其來源，魁星也與古代的星宿崇拜有關。二十八宿共分為東方青龍、西方白虎、南方朱雀、北方玄武四組，其中西方白虎的第一宿是奎星。奎星共有十六顆，古人認為它是主掌文運之神，對之崇拜禮敬，《孝經緯·援神契》說的『奎主文章』，指的就是這位星神。

唐宋以後，實行科舉取士，讀書人寒窗苦讀，然後參加國家的考試，考中以後，就可以成為舉人和進士，一朝金榜題名，就會獲得高官厚祿，揚名天下。這種方法，實際是把讀書之人誘進官祿的狹窄胡同裏，不用再去創立什麽新思想，也不用再去憂患國家天下，只要一心苦讀天子指定的『聖賢之書』，則『書中自有黃金屋，書中自有顏如玉』。所以，唐太宗李世民登上皇位以後，實行科舉取士，當他站在皇城之上，看到衆多賢良士子畢恭畢敬地從城下經過時，不禁高興地說：『天下英雄，盡入吾彀中矣！』雖然這樣，畢竟封建王朝給了讀

魁星

書人一條出路，不用再像隋朝時的儒生一樣，窮困潦倒，淪為丐幫，凍餒街頭。因此，古代的士人就像過江之鯽一樣爭相湧入科舉之途，都希望一朝考中，跳入龍門。

明朝時，科舉實行『五經取士』。所謂『五經』，就是古代儒家尊奉的五部經書，即《詩》、《書》、《易》、《禮》、《春秋》。每經考中的第一名，叫做『經魁』；鄉試之時，每科的前五名必須分別是其中一經的『經魁』，所以又稱『五經魁』，或稱『五經魁首』。

因『魁』與『奎』的音相同，又有『首』的意義，於是後人就將主掌文運的奎星改稱為魁星，予以神化崇拜。

魁星的形象是張牙舞爪地用手執筆，傳說他那支筆專門用來點取科舉士子的名字，一旦點中，就會文運、官運一起來，所以在科舉時代的讀書人是把『魁星』奉若神明的。如果考中了進士，就要進入皇宮站在正殿之下恭迎御榜，在皇宮正殿的臺階下面，都雕有龍和大鰲的圖形，只有進士第一名的狀元公有資格站在大鰲的頭上，所以過去愛說『魁星點斗，獨佔鰲頭』。

現在四川梓潼縣的七曲山大廟之中，塑有一座明清時的魁星神像，形象極為生動。望着這位過去掌握着讀書人的命運的魁星神的得意非凡的表情，似乎可以想像封建時代文人學士在他面前俯首低眉，誠惶誠恐的模樣。

# 開漳聖王

開漳聖王原是唐末以來福建地方的保護神，據說姓陳名之光，他的尊號很多，除了開漳聖王以外，還有威惠聖王、陳聖王、聖王公、陳府將軍等。

相傳他又叫陳元華，祖籍為河南人，父親是唐末福建地區的軍事長官，逝世後，陳之光奉旨承襲父職。當時龍溪一帶還屬於未開化地區，生產落後，社會動亂，後來陳之光率軍平定這一地區，設置漳州，並施以仁政，教化人民，開墾山地，修建水利，漳州地區發展很快，百姓生活改善，安居樂業，附近地區的人民紛紛移居漳州，出現了一片繁榮景象。

陳之光去世以後，當地人民感其恩德，為之立廟祭祀，尊為開漳聖王，陳之光作為地方保護神，受到漳州地方人民世世代代的尊奉。

以後福建地區的人民移居臺灣，又將開漳聖王的信仰帶到了臺灣，修建了許多開漳聖王廟，尊奉這位聖王。

# 保生大帝

保生大帝是福建沿海和臺灣地區民衆普遍信奉的一位醫神。祭祀他的廟宇遍佈海峽兩岸，但共同尊奉福建龍海的白礁慈濟宮為保生大帝的祖廟。

相傳保生大帝原來的名字叫吳本（音tao，滔），是宋朝福建同安地方的人，他出身寒微，天資聰穎，長大成人後博覽羣書，曾拜名師，精於醫道，經常替人解救危急，不取分文，遠近稱頌，後來考中科舉，官至御史，傳說仁宗皇帝的母親曾患乳疾，經多方醫治無效，後來請來吳本，藥到病除，完全治好了皇帝母親的病。仁宗請他留在宮庭做御醫，吳本說：『山人志在修真，慈悲濟世，救死扶傷，榮華富貴非所願也。』婉言謝絕了皇帝的邀請，回到家鄉繼續為老百姓治病。傳說後來吳本終於修道成仙，乘白鹿昇天而去。

當地人民為了緬懷他的功德，籌資建了一座秋龍庵來紀念他。宋高宗時，下旨在秋龍庵原址修建了白礁慈濟宮，至今已有八百多年的歷史。

明朝永曆年間，抗清英雄鄭成功率將士在臺灣登陸，他的軍隊之中有許多將士信奉吳真人，遂在臺灣學甲也建造了一座慈濟宮。清朝初年，臺灣地區流行瘟疫，死了不少人，於是一些福建移民就渡海到白礁慈濟宮，請來保生大帝的神像加以供奉，後來瘟疫果然絕跡，保生大帝的信仰就在臺灣流行開來，據說近代以來奉祀保生大帝吳本的廟宇在臺灣有一百多座，可見其信仰之普及，每年農曆三月十一日，海峽兩岸都要同時舉行紀念吳真人的大型廟會活動，參加的人數相當多，鑼鼓喧天，熱鬧非凡。

## 鍾馗

傳說世間有惡鬼，就有捉鬼的神，『鍾馗捉鬼』是中國民間流行很廣的一個故事。過去人家的大堂之上，常畫有一位豹頭環眼，滿面絡腮鬍，頭戴紗帽，脚著朝靴，身穿大紅官袍的神像，只見這位神一手執劍，一手捉鬼，怒目而視，一副性情剛烈、正氣凜然的模樣，這就是鍾馗捉鬼之像。

關於鍾馗的傳說大約產生於唐宋之際。根據宋人的筆記記述，鍾馗原來是終南山的人，才華十分出衆，唐武德中赴京城參加武舉考試，因貌醜未被録取，於是羞憤怒觸殿階而死，皇帝聽說後特別賜緑袍予以安葬。後來唐玄宗偶患脾疾，經多方醫治，效果很差，宮廷上下很是着急。一日夜寢，忽夢一小鬼竊宮中之物繞殿而走。玄宗急呼捉拿，只見一相貌魁偉的

鍾　馗

大丈夫奔上殿來，怒捉小鬼刳目而啖之，玄宗問他是何人，回答說是『武舉不捷之進士鍾馗』。唐玄宗醒來以後，第二天病就好了，於是請畫工吳道子將昨晚的情形畫下來，掛在宮門上。後世加以仿效，就常在除夕之夜或者端午節，圖畫鍾馗的神像貼在門上，用來避邪驅鬼，時間一久，遂相沿成習。

另外據近人考證，古代有種風俗，常在每年臘月時為驅逐瘟疫邪怪而舉行了一種特別的祭祀儀式，叫做『大儺』，早在《論語》中就有『鄉人儺』的記載，後來漢代的宮廷中也有舉行儺祭的。在舉行這種特別儀式時，要用『椎』（類似棒槌）來驅鬼，椎的反切字稱為『終葵』。於是後來就有人將『終葵』取作名字，意在避邪，如北朝人堯喧，其本名終葵，又字避邪，就足以證明終葵的意義就是避邪。隋唐以後，因『終葵』與『鍾馗』的字音相同，於是就將驅鬼的神棒衍化為捉鬼的神將鍾馗，並且編造了許多有關鍾馗的故事，鍾馗嫁妹、鍾馗捉鬼、鍾馗夜獵等，在民間廣為流傳。在道教神系中，常將鍾馗作為祛惡逐鬼的判官。

## 城隍

城隍神是道教神靈中護衛城邦、扶正祛惡的地方神，民間信仰極為普遍。城隍的起源據說是先秦時代天子八蠟之中的水庸（溝渠）祭。古代城市多有溝河環衛，『隍』就是城牆外面沒有水的護城壕，古人認為護衛城的溝、壕都有神存在，以保佑城市的安寧，後來逐漸演化成對城隍的崇信。

城隍神信仰起初在吳越地區十分流行，南北朝時正式稱為城隍神（見《北齊書・慕容儼傳》）。唐代封爵，五代時加封為王，其分佈幾乎遍於全中國。宋代列入國家祀典，各府州縣皆立廟奉祀。元代在京都建立城隍廟，封其神為『佑聖王』，城隍遂成為封建國家的守護大神。

明代的開國皇帝朱元璋據說原是出生在土地廟裏，因此他建立政權後對土地神與城隍神特別崇敬，洪武年間大行封賞，京都的城隍神封為王，職位是正一品，與中央的三公和丞相平級；府城隍封公，州城隍封侯，縣城隍封伯。嗣後整頓祀典，取消神爵，下令各地城隍一如行政建制稱呼，其廟宇建造也仿自衙門規模，儼然形成一套完整的陰間王朝的官吏系統。

城隍神的職掌，原來主要為守衛城池，保障治安，道教納入其範圍後，擴大為護國安邦，剪惡除兇，調和風雨，管領亡魂諸事。甚至各級封建官吏赴任，都要到城隍廟宣誓就職，以取得其保佑。

舊時的城隍廟，一般主祀城隍神，兩旁分別塑有判官、牛頭、馬面和黑白無常等鬼卒，有些廟子還塑有地獄造像，顯得十分陰森恐怖。明清以後的城隍廟中，多附有十殿閻王，顯然受到佛教影響，如轉輪殿就本與中國的傳統習俗無關。

# 土　地

土地神，俗稱土地公公，或者土地爺，有些地方的土地廟中還配祀有土地奶奶。土地神的地位雖然很低，但是他管的事却不少，《西遊記》中的齊天大聖孫悟空幫助唐僧往西天取經，途中凡遇到難對付的妖怪，都要先召問土地瞭解情況。

顧名思義，土地神源於遠古時代的土地崇拜。中國自古以來就是一個農業國，有土地，才有生活的衣食，也才有人們的存在。土地神古稱『社神』，即管理一有限地面的神。《孝經緯》說：『社者，土地之神』土地闊不可盡祭，故封土為社，以報功也。』敬土地神的日期，稱為『社日』。

秦漢後，社日一般分為春社和秋社。唐詩說：『今朝社日停針線，起向朱櫻樹下行。』是說每逢祀土地之日，連婦女也要停下針線活，可見民間對於社日之重視。

自唐宋以來，關於土地神的傳說相當多，鄉里村社皆祭土地，祈禱年歲豐登，人家殷富。土地神的形象大都衣着樸實，平易近人，慈祥可親，多為鬚髮皆白的老人。

據記載，最早稱為土地爺的是漢代蔣子文，他死後成為鍾山的守護神。明清時流傳有《土

土　地

地寶卷》，共二卷二十四品，描寫土地爺大鬧天宮，與玉皇大帝鬥法的故事，看來這位慈祥的土地爺還頗有些反抗精神。

## 灶君

古人說：『民以食為天』，凡是有人家的地方就有有爐灶，因此過去信奉灶神極為普遍。灶神，又稱灶君，或東厨司命灶王，自漢代以來，無論宮廷還是民間，都虔誠信奉。據神話傳說，與火有關的大神炎帝、祝融皆為總灶神，因此其信仰似與原始社會的氏族社火有關。也有說祭灶是報以先炊之德；而祭老婦人，可能是母系氏族社會母祖分食的遺跡。道教尊灶君神為『崑崙老母』，《灶王經》稱『種火老母元君』。

灶神之職先是主管一家伙食，以後便為操掌一家的禍福生死，民間多供奉於灶頭。灶神還作為玉皇大帝的『特派員』住於人家，隨時録人功過，每年上天報告，人們為防他胡奏遭殃，故每到祭灶之日（宋代以後主要祭日為臘月二十三日），就祀以麥芽糖，用黏糖糊封他的嘴，形成中國特有的祭灶風俗。

灶君

# 門神

門神是古代用以守衛門户、驅邪避鬼的神。這種信仰源於先秦時五祀之中的門祀。傳説最早的門神為神荼、郁壘。

據《山海經》記載，滄海之中有度朔山，山上有大桃木，覆蓋數千里，東北方有座供萬鬼出入的『鬼門』，神荼、郁壘二位神人駐守於此，專門監視進出此門的鬼怪，如果發現有危害百姓的惡鬼，就用葦索縛鬼送到山後面去喂老虎。因此後世人們喜在除夕之時畫二神與虎於門，懸掛桃人、葦索以捉鬼。這種風俗以後演變為懸桃符驅邪。

唐代盛傳鍾馗捉鬼的故事，説他是終南進士，死後專持利劍，劈食天下小鬼。自此以後，鍾馗逐漸取代了神、郁二神的門神地位。道教稱鍾馗是混沌初分時的黑蝙蝠所化生，封為『祛邪判官』。宋明以後，民間多畫武士門神以衛户驅邪，如秦瓊、尉遲恭二將，温、岳二元帥等。其中尤以秦瓊、尉遲恭二神在民間受到歡迎，而鍾馗之像，近代之後，人們多於端午節懸掛於堂屋之中以驅除邪怪了。

另外還有『文門神』代表者有天官、仙童、劉海蟾、送子娘娘等。

神荼、郁壘

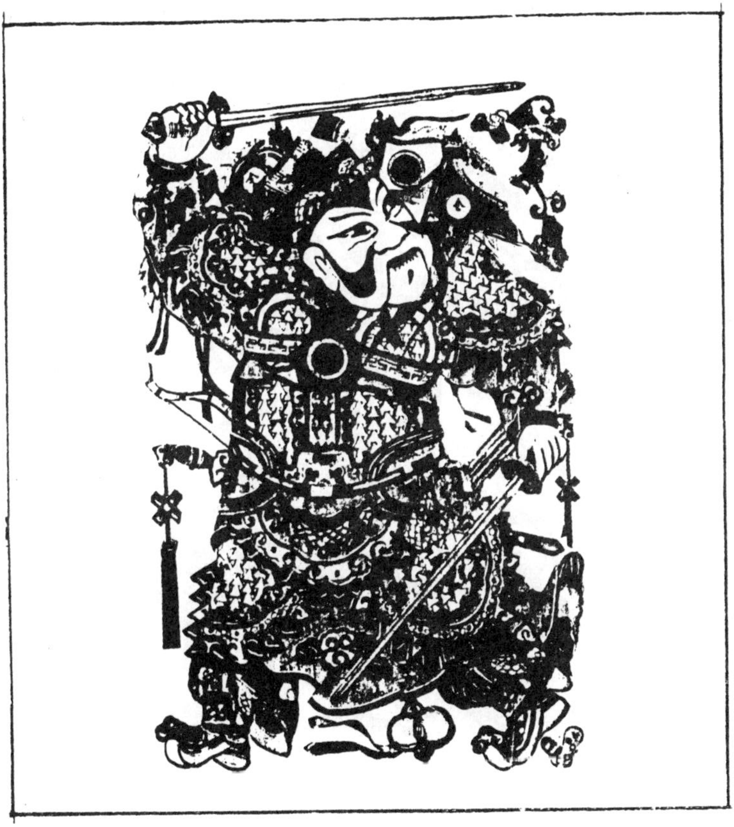

門 神

門 神

## 瘟神

瘟神，產生於古人對瘟疫的恐懼。《素問》說：『五疫之至，皆相染易。』故後世的瘟神多為五位。隋唐時，即有春瘟張元伯，夏瘟劉遠達，秋瘟趙公明，冬瘟鍾士貴，總管中溫史文業之說，並於五月五日祭之。

據《三教源流搜神大全》載，後匡阜真人遊江南，將瘟神收為部將。

## 三尸神

三尸神，或稱為『三彭』，『三蟲』。秦漢間人認為，人身中有三條蟲，稱為『三尸』。三尸相當於魂鬼神一類的東西，分為上尸、中尸、下尸，分居上、中、下三丹田。三尸欲使人早死，好自行放縱遊蕩，享人祭酹。是以每歲庚申之日，就上天報告司命，道人罪過，『大者奪人紀，小者奪人算』。因此求仙之人，必先去三尸，恬淡無慾，神情性明，廣積衆善，服藥有益，乃能成仙（《見河圖紀命符》）。關於三尸的名稱，說法不一。《三尸中經》則說上尸名彭倨，中尸名彭質，下尸名彭矯。以後道教的『守庚申』的習俗就是由此而來的。具體做法是每年的庚申之日，修道者晝夜不眠，持經誦咒，防止三尸神待人寐後，離開身體上天告狀。若持之以恒，則三尸自滅。古人云：『七守庚申三尸滅，三守庚申三尸伏。』

《酉陽雜俎》、《歷代神仙通鑑》說上尸名叫清姑，中尸名叫白姑，下尸名叫血姑；

## 行　神

行神，即路神，又稱祖神。古代因與人們的日常生活緊密相關而立祀，為『五祀』之一，諸侯稱為『國行』。唐孔穎達疏：『國行者，謂行神在國門外之西。』至於所祭路神為誰，歷來說法不一。

《軒轅本紀》說是黃帝元妃嫘祖，顏師古註《漢書》說是黃帝之子。《風俗通義》却說共王之子名修。古人認為外出祭行可保路途平安。

# 六、瓊臺女仙

## 王母娘娘

王母娘娘可說是婦孺皆知的道教女仙中的最高尊神。《西遊記》中王母娘娘在瑤池設宴，招待各路神仙，誰知被齊天大聖孫悟空偷吃了蟠桃，結果不歡而散。但是，王母在天庭蟠桃會上雍容華貴、端莊凝重的形象，却給人們留下了深刻的印象。

王母娘娘是玉皇大帝的夫人，相當於人間的皇后，身分極為高貴；另外，她還稱為『太虛九光龜臺金母元君』或者『九靈太妙龜山金母』。《列仙全傳》中說她姓堠，名回，字婉伶，

王母娘娘

民間稱她為西王母。

從歷史上來看，西王母信仰在中國古代影響很大。據有學者考證，在遠古時代，西王母大概是西方一個原始部族的名稱。《山海經》中說，這個部族崇拜『人形、虎齒、豹尾、披髮、戴勝（即花紋首飾）』的圖騰標誌，因此當時的人們習慣將這個部族及成員都稱作『西王母』。戰國時代，西王母逐漸被神化。《莊子·大宗師》說她修得大道，『莫知其始，莫知其終』，已被罩上一層神秘的色彩。古代傳奇小說《穆天子傳》記載周穆王西征，遠至崑崙山會見西王母，竟然『樂而忘歸』。在宴遊贈答中，西王母自稱是天帝之女。自此以後，西王母轉變成了一位容貌艷麗、雍容華貴的天界女仙。而原來『虎齒、豹尾』的部族形象，則被人們說成是西王母的使者，為『西方白虎之神』。

星移斗轉，歲月遞嬗，漸漸地世間流傳了許多有關西王母的故事。有的說，西王母掌有不死之藥，曾經應后羿的請求，給了他一點，誰知被后羿的妻子嫦娥偷食，奔月成仙，至今仍然一個人淒清地住在天上的月宮裏。又傳說西王母駕臨漢宮，與漢武帝相會，並贈送仙桃四枚，使武帝思之不已（見《漢武帝內傳》）

道教創立以後，將西王母納入其神系，尊為至高無上的女神。東晉時，葛洪在《枕中書》中稱她為元始天王與太元聖母之女。號『太真西王母』，『所治羣仙無量也』。在以後的道經中，又宣稱她是『西華至妙之氣』所化生，是太陰之精，女仙之宗，與太陽之精東王公相對，『共理二氣，調成天地，陶鈞萬品』，三界十方登仙得道的女仙，都屬西王母管轄。凡是世上昇天的仙人，進入天庭，都要『先見西王母，後謁東王公』，然後才能進到三清境，拜見元始天尊。從宋、明以後，玉皇大帝在中國民間的影響逐漸增大，在明、清之時成為了天界的最高尊神，西王母又演變成玉帝的王后，出入天庭，經常賜福賜壽給人間的善男信女。

## 九天玄女

九天玄女，又稱九天娘娘，是道教中一位十分出名的女神。《水滸傳》，記述及時雨宋公明遇朝廷官兵追捕，為逃性命躲進一座神廟，得到九天玄女的救助，並且還意外地得到了一部兵書，後來靠此坐上了梁山泊的第一把交椅，可以看出九天玄女的神通確實十分廣大。

相傳她原來是中國古代傳說之中的女神，後來為道教所信奉，成為道教神系中神位僅次於西王母的女神。《雲笈七籤》中說，九天玄女原來是聖母元君的弟子，黃帝的老師。有一次黃帝與蚩尤作戰於涿鹿，黃帝作戰不利。數日後，忽然天降大霧，白晝變為昏夜，玄女乘鸞鳳，駕彩雲，身披彩色九翠衣，來到黃帝面前，親傳秘法，交將六壬、遁甲、兵符、印劍授給黃帝。於是黃帝率領諸侯再戰，終於消滅蚩尤，大獲全勝。後來在民間傳說中，九天玄女經常是以救助危難、諳熟兵法，替天行道的形象出現，信仰者甚多。

## 后土

道教神系有一個特徵，就是女性神很多，並且地位也很高。后土皇地祇就是這樣一位女神。她的全稱是『承天效法厚德光大后土皇地祇』，為四御天神之一。中國古代歷來有『皇天后土』的說法，『皇天』自是指主宰天界的玉皇大帝，而『后土』就是指這位主宰大地山川的尊神。這位女神的起源很早，春秋戰國就已流傳着種種關於后土的傳說。《國語・魯語》說是共公的兒子，能平定九州，成為地神。《左傳》又說后土是官員，『土正曰后土』。而《月令》又說是神名，主掌中央之土。這種現象，說明當時后土的身份尚未被人們固定。

從遠古時代的宗教現象來看，對后土神的信仰與原始宗教的土地崇拜有關。遠古時代，土地是人們賴以生存的必需條件，衣、食、住、行都離不開土地。《禮記》說：『地載萬物，天垂象，取材於地，取法於天，是以親天而尊地也。』因此人們對能產生萬物的土地尊奉為神，頂禮膜拜。並且，人們由來對天有一種畏敬感，而對大地却懷有親近的感覺，後來還把大地比喻為母親。

后 土

西漢時候，漢文帝下詔由國家統一祭祀地祇，『冬至祀太一，夏至祀地祇』，正式納入國家的祀典。漢武帝專門在汾陽建立后土祠，親自前往祀拜，『如上帝禮』，從此成為定制，歷代相沿，歲時祭祀，后土於是成為中國古代國家一級的土地大神。在古人觀念中，天為陽，地為陰，於是有『天公地母』之說，所以從西漢末期至南北朝，國家祭祀后土常以皇后配享。據《漢書·郊祀誌》記載，成帝時採納王莽的建議，改后土之名為『皇地后祇』。隋唐以後，后土逐漸演變成為女神，唐代杜佑的《通典》記載說，當時汾陰后土祠，就已塑成婦人的形象。因此唐、宋以後，民間又將后土神稱為『后土娘娘』。

道教產生以後，將后土神納入其神系之中，擔任三清的輔佐神，成為『四御』之一，執掌陰陽生育、萬物之美與大地山河之秀。宋真宗的潘皇后在嵩山建殿，奉后土玄天大聖后像，誥封為『后土皇地祇』。宋徽宗政和六年（一一一六年），上封號為『承天效法厚德光大后土皇地祇』，享受同玉皇大帝一樣的禮儀規格。自此以後，道教宮觀中祭祀的后土神一般為女像。有些道觀專門建立有后土殿，民間也修建了許多的后土娘娘祠，每逢農曆三月十八日，這一天相傳是后土神的誕生日，到廟裏祭祀禮拜。

另外，中國古代還有后土神主掌幽都的說法，東漢時王逸註《楚辭》說『幽都，地下后土所治也。地下幽冥，故稱幽都保』這大概同古代的天陽地陰的觀念有關。唐宋以來，古人常常在修墓、上墳或舉柩喪禮時，同時祭祀后土神、歷久相沿成俗。值得民間宗教研究者注意的是，后土女神的形象大多温和、慈祥、秀美，很有些像東方的聖母，而作為玉皇大帝的王母娘娘，有時却顯得得相當專戾，不近人情。土地的性質是生育和奉獻，而道家主張：『生而不有，為而不恃，長而不宰』（見《老子道德經》），看來后土女神更接近道家的精神。

## 斗姆元君

成都青羊宮是著名的道教宮觀，在宮内的三清殿後邊，有一座斗姆殿，殿中供奉一位道教女神，她的形象是三目、四頭、八臂，手中分别執有金印、弓、戟、日、月、寶鈴等法器，這就是稱作『衆星之母』的斗姆女神。

斗姆，又稱斗姥。《太上玄靈斗姆大聖元君本命延生心經》説：『斗姆為北斗衆星之母。』道教又尊稱為『圓明道母天尊』。道教的神系有着與其它宗教不同的特徵，就是不僅帶有濃烈的人情味，並且女性神仙超越了封建統治者的限定而享有崇高的威望。道教宮觀中常建有斗姆閣，其地位也很顯赫。明代以後，斗姆在民間的信仰頗為興盛，並且少數民族中也有信仰斗姆的。探溯其淵源，它是由北斗星宿信仰逐漸發展而來的。

中國古人很早就認識到，北斗七星不但在夜間能作為指示方位的標誌。同時其運行規律對於制定曆法有相當大的作用。《史記·天官書》、《尚書緯》等都講到這一點。《史記·天官書》所謂『以齊七政』。《尚書大傳》說是指四時、天文、地理、人道等。《淮南子·天文訓》說：『北斗之神有雌雄，雄左行，雌右行。』緯書則說：『州國分野，年命壽夭、富貴爵祿、歲時豐歉都由北斗七星主之。』道教形成以後，北斗就被奉之為神，專掌壽夭。民間傳說『北斗註死』，一時廣為流傳（見《搜神記》）。《真靈位業圖》、《酉陽雜俎》中所謂的『鬼官北斗君』就是由此衍化而來的。因為中國民間素有東嶽、豐都主陰冥之說，隋唐以來，佛教的地藏、閻羅信仰又廣為流傳，於是北斗總領人間命籍的神職作用相對減弱。後來，本命神之說逐漸興起（見《酉陽雜俎》、《聞奇錄》），人們相信，北斗七星分掌諸生辰，只要虔奉本命神之星，就可獲得神的保佑。關於本命神的說法起自何代，《抱朴子》提出：『命之修短，實由所值；受氣結胎，各有星宿。』從此推測，至晚也應在晉代以前。

北斗星神人格化的過程之中，先後出現過幾種傳說。如東漢時有說黃帝是北斗神；《真靈位業圖》又記為周武王；《雲笈七籤》則羅列好幾種說法。《玉清無上靈寶自然北斗本生真經》中詳細描述了北斗姆女神的經歷。經中說，斗姆原來是龍漢年間周御王的妃子，明哲慈慧，名叫紫光夫人。有一年春天在御花園遊玩時忽有所感，於是懷孕生下九個兒子。老大是天皇大帝，即四御之一的勾陳上宮天皇大帝；老二是紫微大帝，也是四御之一。其餘七個兒子分別是貪狼、巨門、祿存、文曲、廉貞、武曲、破軍七星，這就是北斗七星。《道藏·太

斗姆元君

上玄靈斗姆大聖元君本命延生心經》又說：『斗姆為北斗衆星之母，斗為之魂，水為之精』，號『中央梵氣斗母元君』，因此紫光夫人就被稱為斗姆。後來道教宮觀常建有斗姆室、斗姆殿、斗姆閣等，奉祀斗姆元君。青羊宮供奉的斗姆神像旁邊，還配祀有北斗七星和南斗六星。

斗姆元君的神像在道教中不多見，據說她的形象同佛教密宗的造像有相似之處。

## 碧霞元君

碧霞元君是道教尊奉的高位女神之一，明清以來民間信仰極盛。元君又稱泰山玉女，全名是『東嶽泰山天仙玉女碧霞元君』，民間又稱泰山娘娘。

溯其淵源，傳說不一。有說為東嶽大帝之女，宋真宗時封為：『天仙玉女碧霞元君』。清人張爾岐《蒿庵閒話》說：『元君者，漢時仁聖帝前，有石琢金童玉女，至五代，殿圯像仆，女淪於池（指泰山之頂『玉女池』）。宋真宗東封還次御帳，滌手池內，一石人浮出水面，出而滌之，玉女也。命有司建祠奉之，號為聖帝之女，封天仙玉女碧霞元君。』

另有說是黃帝遣七仙女於泰山迎接西昆真人，玉女即其中之一。明代高誨《玉女考略》和王之綱《玉女傳》引李諤《瑤池記》記載，玉女不是東嶽之女，黃帝建岱嶽觀時，曾遣七女，雲冠羽衣，焚修以迎西昆真人，玉女蓋七女中之修而得道者。又有說是漢代民女石玉葉，入泰山修道，憑靈泰岱。《玉女卷》說：漢明帝時，西牛國孫寧府奉符縣善士石守道妻金氏，中元七年甲子四月十八日子時生女，名玉葉，貌端而性穎，三歲解人倫，七歲輒聞法，嘗禮西王母。十四歲忽感母教，欲入山，得曹仙長指，入天空山黃花洞修焉。天空蓋泰山，洞即石屋處也。三年丹就，元精發而光濕，遂依於泰山焉。泰山以此有玉女神。山頂故有池，名玉女池，帝為玉女石像。

但是顧炎武《日知録》和翟灝《通俗編》均反對以上的說法，謂西晉張華《博物誌》中早有泰山神女的故事，『我東海泰山女，嫁為西海婦』。(《博物誌》原文為『吾是東海女，嫁於西海神童』) 蓋後世傳泰山女者，即本於此，宋真宗所封之玉女，即此泰山女，而非黃帝所遣之玉女，亦非漢時之石玉葉。蓋泰山玉女封號為碧霞元君，實始於明代。

其實碧霞元君稱號，也並非泰山娘娘的專利，南方的天妃，順懿夫人也有此稱號。《封神演義》中又說余化龍為主痘碧霞元君。直至近代，碧霞元君之名才為泰山娘娘所專有。

道經中說，元君乃應九氣所生，受玉帝之命，證位天仙，統攝嶽府神兵，照察人間善惡。民間傳說元君主司婦女多子，並為護佑兒童之神，所以過去婦女信奉尤其虔誠，不僅泰山有廟，在各地也建有許多『娘娘廟』，並常在左右配祀送子娘娘、催生娘娘、眼光娘娘、天花娘娘。傳說這位元君神通廣大，頗為靈驗。道教有《泰山寶卷》，主要叙述泰山娘娘的靈蹟，在民間廣為流行。另外，南方的天妃女神也有碧霞元君的封號。

## 天妃娘娘

內地民間歷來多以『玉皇大帝』為天界的最高尊神，而東南沿海和臺灣地區却不以為然，香火最盛的數天妃女神。

天妃傳説姓林名默，是宋代都巡檢林愿的第六個女兒，公元九百六十年生於福建莆田湄州灣。從小眉清目秀，聰穎惹人喜愛。據説她不滿周歲還在襁褓之中時，看見神像就合手作欲拜狀。少年時，一日在家中静坐讀書，遇見一位奇異道人從門前經過，中心開悟，遂被收為徒，秘受『玄微真法』。從此，這位林氏姑娘具有神異之力，能預知人生休咎，為人醫治疾病。常穿朱衣雲遊島嶼間，拯救海上遇難的漁民與客商，當地人稱她為『神女』，閩人在母家稱『媽祖』，因此又有人親切地稱她為『媽祖』。

林默這樣在鄉間生活了二十多年以後，一天很傷感地對姐姐説：『我要遠遊去了，可惜無法同行！』言畢，獨自駕舟泛海而去，從此没有歸來。因為她生前真心誠意地為鄉民做過很多好事，大家懷念她，不願她死去，就傳説她在湄州島登仙去了。並於雍熙四年（公元九

天妃娘娘

八七年）在島上建了一座廟紀念她，每年祭祀，稱為媽祖廟。

從宋代以後，媽祖就作為海上的救難女神，受到沿海人民的供奉。幾百年來，民間留傳着關於她顯靈濟人的種種傳說。

有說北宋宣和年間，路允迪出使高麗（今朝鮮），途中遇海難，八舟七溺，獨路逢女神救助，得以平安歸朝。皇帝得知後，御賜『順濟』廟額，封媽祖為順濟夫人。南宋時，學者洪邁著《夷堅支誌》，記載說：『興化軍境內舊有林夫人廟，靈異素著。凡賈客入海，必致禱祠下，乃敢行。』元代重視海運，每次起航，官家都必到媽祖廟卜吉然後開洋。元世祖特下詔封為『護國明著天妃』，各地普建天妃廟，歲時致祭。

明代時，天妃信仰更加盛行，據說鄭和下西洋，涉滄溟十萬餘里，鄭成功渡海收復臺灣，都曾得到天妃廟女神的祐助。明崇禎皇帝褒封為『碧霞元君』。清代初年因顯聖助舟師南征獲勝，加封為『天后』，因此天妃廟又有稱作天后宮的。

隨着海上交通的發展和華僑的外出謀生，天妃女神的足跡又傳到了東南亞和日本、朝鮮等地。如今，國內的天妃廟不下千座。但稱為祖廟的三處：湄州媽祖廟，天津天后宮，臺灣北港媽祖廟。由於湄州為天妃的出生地，所以這裏的祖廟被沿海人民和臺港同胞作為朝拜的中心。據說，臺灣全島有百分之八十的人都信奉媽祖，祭祀廟宇遍佈全島，或稱天妃廟，或稱天后宮，還有稱聖母壇、朝天宮、中興公厝的。

這位林家姑娘生前並無意於榮名顯位，昇天後却受到人們如此的誠摯崇拜，大概是她比那位高高在上的玉皇大帝更富有人情味的緣故吧。

## 嫘祖

嫘祖，或作嫘姐，又稱雷祖，相傳是黃帝的元妃。《山海經·海內經》說：黃帝妻雷祖，生昌意。』《史記·五帝本紀》說：黃帝『娶於西陵之女，是為嫘祖。』劉恕《通鑑外紀》說：『西陵氏之女嫘祖，為黃帝元妃，治絲繭以供衣服，後世祀為先蠶。』所為『先蠶』，就是最先教民養蠶治絲的神，又稱先蠶神。嫘祖為西陵氏女，或即西陵（崑崙）一帶西方貘族之女。中國以農業立國，素重蠶桑，以蠶為婦女所養，所以從漢代以來，歷代皆祭祀先蠶神。東漢時先蠶神菀婦人、寓氏公主、北齊時始祀黃帝為先蠶，後來北周改祀黃帝元妃為先蠶神，以與婦女身份相合。嗣後道教與民間皆以嫘祖為蠶神，奉祀至今。

# 何仙姑

何仙姑是『八仙』中之女仙。古代稱作『仙姑』者大多是民間的女巫或仙娘。唐宋以來，筆記誌書之中記述的『何仙姑』有多人，福建、兩廣、浙江、安徽等地都有關於何巫女的傳說。『八仙』中的何仙姑究竟為何人？由來說法不一。其中以《夜航船》與《歷代神仙通覽》的記載流傳較廣。何仙姑，唐代人，住零陵雲母溪，另說是廣東增城人，奉事母親十分孝順。有一天上山採茶，迷失路徑，遇見一道士（傳說為呂洞賓）授給一桃，吃了一半，從此不饑不渴。又夢見神人教她餌食雲母粉，遂往來山谷，輕身飛行，能預知人事休咎，鄉人多信之。武則天臨朝，聞其名而召見，中途不知所之，大概這位仙姑不願意見皇上。從這一則傳說來看，何仙姑應是呂洞賓的弟子。

另外有種說法，北宋時湖南衡州有一何姓仙姑，名氣很大，上至士大夫，下至庶民百姓，都虔誠地信奉她，但是到晚年衰羸無能，宋人的筆記中多有記載。

宋人曾敏行《獨醒雜誌》說，北宋名將狄青征討儂智高，出兵之前曾向何仙姑請教，回答說：公必大勝而歸。後來果如仙姑所言。現在廣東增城還有一座何仙姑廟，每逢農曆三月初七何仙姑的誕生日，四方鄉人雲集，或唱大戲，或做道場，相沿成俗。

何仙姑

# 七、中國古代道教石刻神像

宗教猶如人類的身影，總是和人類長相伴隨。數千年來，它對廣袤的宇宙、變幻的人生、大千世界所作出的深沉思索和睿智悟解，成為人類文明豐富而深刻的重要內容。

道教是中國固有的民族宗教，它孕育於中國歷史上的先秦時代，與當時燕、齊流行的神仙方術和陰陽五行學說、荊楚地區的仙遊觀念和隱士思想、巴蜀民族的巫教文化具有密不可分的淵源關係。

秦、漢時期，歷經方仙道、黃老道等道教的前身形式，大約在東漢中後期正式形成以『道』為核心信仰的教團組織。魏晉南北朝時，中國國家處於分裂之中，由印度傳入的佛教日益興盛，所謂江東（南方）弘法重義理，北方佛學重禪定，一時蔚為顯學；在這樣的歷史背景之下，中國南、北方的道教借鑒部分佛教的儀軌與義學，以傳統的道家之學和民族宗教為本位，加以融會貫通，逐步形成中國道教自身的齋醮儀禮和教理教義理論。唐代由於皇室的倡導與扶持，道教的教團組織獲得空前的發展，高道輩出，經典大增，其地位與國教相等，在中國歷史上臻至鼎盛階段。宋代佛教聲勢漸落，但道教仍然受到帝王的重視，其影響遍及中國社會的各個方面。明清時代，隨着中國古代文化的落潮大勢，道教漸趨衰微。近代以來，由於各種客觀社會因素的交互作用，道教作為一種民族的傳統宗教，猶綿綿若存。

縱觀中國歷史，道教經過長期的歷史發展與文化積澱，形成內容極為豐富的道教文化，對中國社會的政治、經濟、哲學、倫理、文學、藝術，乃至醫藥學、養生學、古化學等方面都產生了極為深刻和久遠的影響，成為中國傳統文化的重要組成部分。從人類文明發展的歷史來看，道教文化不僅是中國文明的重要部分，也是人類文明瑰寶之一。

道教石刻造像，是以豐富多彩的雕塑藝術形式，表現了歷代道教信仰者的理想和追求。它將美的藝術形式與追求真、善的內容相結合，創造了大量栩栩如生、精妙絕倫的道教神仙形象，成為中國宗教文化的璀璨明珠。

中國西部的道教石刻造像，歷史悠久，內容豐富，分佈廣闊，形式多樣，具有衆多的地方特色。尤其是四川，由於中國的道教石刻造像絕大部分集中在這一地區，故在全國具有舉足輕重的地位。下面試就中國西部道教石刻造像的分佈概況、歷史淵源與發展過程、題材内容等方面論述如下，敬祈海內外專家教正。

## （一）道教石刻神像分佈概況

中國古代的宗教石刻造像，就歷代鐫刻的總體數量來看，主要以佛教為多，因此道教的石刻造像數量，就相對比較少。這存世不多的道教石刻造像，主要集中在中國的西部幾個省份，其中大部份分佈在古稱巴蜀的四川。

道教是中國的民族宗教，其教義理論遵從道家『道法自然』的思想宗旨，因此古代道教的修道實踐大多在遠離城鎮的深山幽谷中進行。由於這樣的因素，道教為表現其宗教信仰而雕刻的道教像，也大部分分佈在西部的山區之中。

現今所見，有的鑿於巖壁之上，有的刻於洞穴之中，大小龕窟，鱗次櫛比，綠樹修竹，掩映其間，一派古風依然的景象。現舉其要者，介述如下。

### 一、山西

安邑的常陽天尊像（刻於唐代開元年間）

太原龍山石窟（元代初期）

## 二、陝西

鹿縣石泓寺石窟（北魏永平年間）

耀縣藥王山石刻

## 三、四川

（一）綿陽：玉女泉造像（隋、唐）

（二）安岳：玄妙觀石刻（唐代）　華嚴洞三教合一石像（宋代）

高昇鄉三仙洞（明代）　瑞雲鄉獅子巖造像（宋、明）

（三）劍閣：鶴鳴山造像（唐代）

（四）蒲江：長秋山太清觀石像（唐代）　飛仙閣石刻道像（唐代）

（五）潼南：大佛寺石刻道像（隋代）　千佛崖石刻道像（隋代）

（六）仁壽：牛角寨石刻道像（唐代）

（七）丹棱：龍鵠山道教造像（唐代）

（八）大足：山石刻（南宋至明代）　舒成巖石刻（宋代）

玉皇廟造像（宋代）　佛耳巖造像（宋代）

龍崗山石刻道像（宋代）　石門山造像（宋代）

妙高山三教造像（宋代）　佛安橋三教造像（宋代）

石壁寺三教龕（宋代）　光明殿三教龕（明代）

峰山寺三官像（宋代）　桂花廟王母龕（宋代）

石佛寺道教像（宋代）　老君廟造像（宋代）

眠牛石造像（明、清）　寶頂山道像（宋代、清代、民國）

石篆山石刻（宋代）　斗碗寨石像（清代）

（九）瀘縣：玉蟾山石刻道像（明代）

（十）渠縣：西陽洞石刻（明、清）

## 四、雲南

昆明市龍門石雕道像（明、清鑿造）

## （二）道教石刻造像的歷史淵源

道教創始於東漢中期，按照最初的道教教義，道教是不供奉神像的。早期的道教教團組織『五斗米道』，尊老子為教祖，奉《老子五千文》為主要經典。而《老子道德經》的宗旨是『道可道，非常道』，『大道無形』，『道恒無名』，主張『道』為產生天地萬物的根本，『視之不見』，『聽之不聞』，『搏之不得』，『是謂無狀之狀』，『無物之象』，道既無名稱，又無形象。相傳為『三天法師』張道陵所作的《老子想爾註》云：『道至尊，微而隱，無狀貌形象也；但可以從其誡，不可見知也。』遵循這種教旨，早期道教的宗教儀式，一般是在『治』或『靖』中進行。《正一法文外録儀》云：『凡男女師皆立治所，貴賤拜敬，進止依科』，從不見有禮敬神像的記載。

佛教傳入中國以後，以一種新宗教文化形態，對中國原有的宗教傳統產生了廣泛的深刻的影響。佛教為了爭取廣大民衆的皈依，十分注重傳教的方式，除了向社會各階層大量傳播經典文字之外，更借助於塑造神像，『以像設教』，大量鑿造神像來傳教，故有『像教』之稱。

在這種宗教氛圍之下，大約在南北朝時，道教開始建立並供奉神像。據記載，最早的道教造像創始者為南朝劉宋的道士陸修靜、宋文明等。唐釋法琳《辯正論》卷六自註云：『考（道教）梁、陳、齊、魏之前，唯以瓠盧盛經，本無天尊形象。』並引王淳《三教論》云：『近世道士，取活無方，欲人歸信，乃學佛家製作形象。假號天尊，及左右二真人，置之道堂，以馮衣食。宋陸修靜亦為此形。』釋玄嶷《甄正論》亦云：『近自吳蜀分疆，宋齊承統，別立天尊，以為教主。』

唐代佛道相爭，故前引佛家之語對道教多有攻訐之詞。撇開這層因素，可以看出其中的歷史事實，即南北朝以前，道教的傳教多為『貴賤拜敬，進止依科』，是不設神像的。這種歷史事實，與上面所引的道經教義是相一致的。

據歷史記載，南北朝時的道教造像，有蕭梁普通七年（公元五二六年）所造玉清神像，北魏正光二年（公元五二一年）所造天尊像，北周天和三年（公元五六八年）所造太上老君像等，只是這些早期的道教神像早已損失，現已不可得見。

四川成都龍泉驛區石佛寺現存有《北周文王碑》一通，碑額題為『北周文王之碑』，大周使持節、車騎大將軍、儀同三司、大都督、散騎常侍、軍都縣開國伯强獨樂為文王建立佛道二尊像樹其碑。元年歲次丁丑造。』該碑下部兩側有線刻小像二尊，過去有人認為此碑為北朝的佛道二像碑，近世有學者提出不同意見，此學術公案，尚待論證。

隋朝統一中國後，文帝以『佞佛』著名，道教相對而言不受重視，加之隋朝國運短促，故該時期的道教造像極為稀少。位於古金牛道上的四川省綿陽市西山，在玉女泉和子雲亭的巖壁上，有二十多龕隋、唐時代的道教石刻造像。

本世紀初期，法國學者維克多·色伽蘭（Victor Segenlan）曾來此地考察，認為是中國西南部宗教藝術之『美品』；但是維克多先生對道教缺乏瞭解，將西山造像誤認為是『佛龕造像』。玉女泉造像有一龕題記，記為『大業六年太歲庚午十二月廿八日，三洞道士黃法暾奉為存亡二世敬造天尊像一尊供養。』

另外，四川潼南縣大佛寺的絕壁上有道教造像兩龕，其像為一尊人二脅侍，右龕側邊的題記記為：『記此吉大業六年修天尊像右弟子楊佛讚造敬記。』左龕下面的題記記為『開皇十一年。』開皇為隋文帝楊堅的年號，十一年即公元五九一年，大業為隋煬帝楊廣的年號，大業六年為公元六一〇年，距今皆有一千多年的歷史。這些隋代的道教造像，因年代久遠，存世不多，顯得彌足珍貴。

唐代帝王崇奉道教，尊老子為李姓皇室之祖，封為『玄元皇帝』，唐玄宗李隆基甚至親受道籙，成為道士皇帝，諸多公主，出家為道，於是舉國上下，尊崇道教，蔚然成風。在此情勢下，一方面道教社會地位空前提高，教團組織得到很大發展；另一方面，各地大量修建道教宮觀，刻造神像，道教的造像藝術也隨之得到很大發展。

尤其是古稱巴蜀的四川地區，由於南北朝後期北方的雕刻藝術逐漸衰落，其重心南移，在巴蜀地區形成中國石刻藝術歷史上的又一高潮。兩大因素的匯合，使得唐代四川地區的道教石刻造像不僅數量衆多、分佈廣泛、而且內容豐富、鐫刻精美，在全國可謂獨樹一幟，玆舉其要者介述如下。

安岳縣玄妙觀道教造像。玄妙觀位於縣北約二十公里的黃角鄉玄妙村集聖山腰，觀前有一巨石，長寬各為十餘公尺，高五公尺有餘，沿巨石周圍鑿有大小石龕七十九個，共鐫刻有神像一千二百多尊，絕大部分為盛唐時之石刻精品。第六號龕為唐代天寶七年（公元七四八年）撰刻的《啟大唐御立集聖山玄妙觀勝境碑》，碑文記述了從『大唐開元六年』（即公元七一八年）鑿龕刻像至『大唐天寶七年載丙子八月已亥朔二日功畢』的整個過程，可見前後歷時有三十年之久。

據碑文記載，刻造的神像有『天真』、『王宮』、『救苦天尊』、『飛天神王』等。第十一號龕是玄妙觀最大的一龕，龕額上橫刻『老君龕』三字，龕中刻『太上老君』趺坐於蓮臺之上，上下左右刻造有脅侍、女真、護法神將等數十尊。第十二號龕為橫長方形龕，高二公尺餘，寬約三公尺，龕內鐫刻有四位天尊神像，此即《勝景碑》中所記述的『張、李、羅、王名天之尊』。該處的造像之中，還有十多龕佛、道合龕造像，有的龕中間為釋伽牟尼佛和太上老君的坐像，兩側站立有佛教的菩薩和道教的金仙、真人，有的正中為道教老君像，旁邊為佛教的菩薩站像。

一般史學家將唐代的佛、道關係表述為二教相爭，然而玄妙觀造像以第一手史料確鑿有據地說明，唐代的佛、道二教不但存在宗教相爭現象，同時也出現了互相融合的趨勢，此種歷史現象，應予引起研究者的重視。這裏衆多的龕壁周圍還刻有觀、閣、樓、臺以及做法事所用的法器、樂器等器物，鐫刻的道教金剛神像怒目威嚴，孔武有力，仙女伎樂姿態優美，栩栩如生，是研究中國道教史和藝術史不可多得的歷史實物。

四川劍閣縣是古代由陝入蜀的軍事、交通重鎮，城東的鶴鳴山上有唐人道教造像五龕。其中第五號和四號龕的主像已在本世紀四十年代被盜鑿走，現在兩龕中分別建有《劍州再建重陽亭記》與唐代名詩人李商隱所撰《劍州重陽亭銘並序》石碑各一通。第二與第三號龕之像為高浮雕，第五號龕之像為圓雕，均為站立天尊像，頭戴芙蓉冠，脚穿道履，立於蓮臺之上，其手相仿照佛教造像法式，或施無畏印，或施與願印，或手執寶珠，天尊像旁有數目不等的護法神將、真人、金童、玉女。二號龕有題記一則，其云：『長生保命天尊像讚並序。前劍州刺使賜紫金魚袋鄭國公上玄元道……以命石工雕長生保命天尊像一軀，以永我福，以清我躬。遂題讚曰：「崇厥靈尊，其號保命，綿綿億祀……天齊地慶……」聖唐大中十一年丁丑歲五月工畢。』大中為唐宣宗李忱的年號，大中十一年即公元八五七年，並述李商隱碑立於大中八年，可見劍閣鶴鳴山造像多為唐代後期的作品。

綿陽西山玉女泉造像除少數隋代作品外，大部分為唐代道教造像。其巖壁東面的造像龕側有題記兩則，其一云：『咸亨元年十二月廿三日弟子何□□及妻母鄧何氏敬造天尊□□□。』其二云：『□元二年□月三日道士任智斌為亡父任士□亡師任士鑾敬造　天尊老君二身供養。』咸亨元年為唐高宗李治在位之時，則下面題記應為高宗上元二年，分別相當於公元六百七十年和六百七十五年，均為唐代前期。其造像有一天尊二脅侍，或為一天尊二脅侍二女真，前一題記左側為天尊、老君像，各以一手執扇，趺坐於蓮臺之上，神態安詳，形象逼真。

西山子雲亭下有造像一龕，主像為天尊和老君，左右兩邊雕刻有供養人物像各四十餘尊，大多着道裝，像旁刻有供養人姓名，至今仍清晰可辨。在主像的兩邊各有一則題記，右邊為『三洞真一道士孫靈諷當州紫極宮梵獻□神仙雲觀一壇各願合平安永為供養聲猶為一心嚮願結一社用答恩諸録泉』；左邊題記為『敬造　天尊老君一鋪。以咸通拾貳年歲次辛卯三月十一日，修黃録齋兩中三夜表慶畢。專主社務兼書人景好古、三洞真人一道士孫靈國』。咸通十二年（公元八七一年）已為晚唐，則綿陽西山的道教石刻造像幾乎經歷了隋、唐整個歷史時期。

中國宋代的道教造像以四川大足為代表，其中南山三清洞、石門村聖府洞，舒成巖的造像堪稱石刻精品。

南山古名廣華山，山頂有道觀，原名玉泉觀，共有道教造像五龕，碑碣五通，其刻造始於宋代，明、清兩代續有增補。其中宋代造像有三龕。第五號為『三清古洞』窟，據題記『捨地開山造功德何正言同楊氏』，可知該石窟開鑿於南宋紹興年間（大足另有何正言捨地捐造的石刻造像，題記時間為『紹興十八年』或『紹興廿四年』）。窟高四公尺，寬五點一公尺，深五點六公尺。窟中鑿方形中心柱，上與窟頂、下與底部相連，中心柱兩邊與後部均有甬道，便於道教信徒與香客繞柱祈禱拜神。中心柱正面開有一龕，龕內造像共兩層，上層刻道教最高尊神『三清』像，皆著道裝，頭戴蓮頭形束髮冠，胸部束帶，面有長鬚，項後有圓形火焰頭光與身光，頭上方懸有珠簾寶蓋。

中像為玉清元始天尊，盤膝坐於蓮臺之上，胸前有三脚夾軾，雙手平放於軾上，頭上寶蓋龕頂發出四道毫光，內側兩道豪光在頂壁上各繞三圈，圈內有老君坐像。左像為上清靈寶天尊，手捧如意。右像為太清道德天尊，即太上老君，左手撫膝，右手持扇。二像連座各高零點八五公尺。

上龕左、右壁各有一位天帝像，皆頭載冕旒，著朝服，足踏四足虎脚几，坐於龍頭靠椅之上，雙手在胸前執笏，頭上懸刻雙層珠簾寶蓋。下龕兩側各有一位天帝，皆戴平頂高方冠，身著圓領寬袖大袍，亦坐於龍頭靠椅上，雙手捧笏。外側各有一元君像。位置比天帝略低，皆鳳冠霞帔，彩帶繞身，坐龍頭靠椅，雙手捧笏。此龕中六位天神（四男二女）當為宋代道教神系中的六御，即玉皇大帝、紫微大帝、勾陳大帝、長生大帝，后土皇地祇、金母元君（即西王母）。

該窟中心柱左面上下各開一龕，上龕為玉皇大帝出巡圖，下龕為春龍起蟄圖，皆鐫刻精美，氣勢壯觀。窟之左、右、後壁皆有約一公尺高的基臺，臺上方壁面刻有三百六十尊應感天尊之像，分為六層，有文有武，冠服有別，姿態各異，部分有毀損，現實存二百三十一尊。窟前有二石柱，各鐫刻有一龍盤繞其上，龍口相向，似欲騰空，形象栩栩如生。

三清洞道教石刻是現今所能見到的中國宗教史上最早的道教神系組合造像，是十分珍貴的歷史文物，具有重要的宗教研究價值。

石門山位於大足東南二十公里的石馬鄉石門村，上有古廟，原名聖府洞，後稱三皇洞，大部分是宋代造像。其中第十號為三皇洞窟，無題刻記載。

據清代乾隆十五年（一八三五年）邑人李型廉《遊石門山記》記載：『見巖側面平如鏡，上橫鐫「石門山聖府洞」六大字，旁有小楷書數行，為戊戌淳熙五年中元從事皇佛監判官宋以通書。』可知此洞開鑿於宋孝宗淳熙五年（一一七八年）以前。第十號『三皇洞』為平頂窟，深七點八五公尺，寬三點九公尺，高三點零八公尺。窟後部正面刻造有三尊坐像，居中者為天皇，左、右兩側分別為人皇與地皇。均戴平頂高冠，身著寬袖大袍，坐於龍頭椅上，雙手捧笏於胸前。天皇像的頭上方，橫排有三個小圓龕，每個龕內有一天尊坐像，皆有面鬚，束髮金冠，胸前置三脚夾軾，項後現火焰頭光，似為道教『三清』神像。

三皇像兩側，各立一護法神將。左面神將三頭六臂，手執印，鈴、弓、箭；右面神將三頭四臂，手執法器，身旁皆有一神龍。窟內左側共造像兩層。上層為二十八位天人像。第一像為坐姿男像，手執如意。第二、三為女像，鳳冠霞帔。第四、五為站立男像，方冠朝服，雙手捧笏。第六至十四為女像，身着道裝。第十五至二十八為男像，文官打扮，捧笏肅立。下層造像共有六位。第一至第三像皆頭戴平頂方冠，身著圓領寬袖長袍，捧笏而立。第四像頭戴雙翅幞頭，著圓領窄袖長袍。第五像為真武大帝，束髮著甲，仗劍赤足立於神龜之上，龜旁有一蛇。第六像為一官員，頭戴幞，著長袖袍服。以上各像均比真人略高，約為一點九五公尺。

窟內右側原有造像七軀與左側相對而立，因清乾隆時右邊洞壁崩塌，毀損大部，僅存一位護法神將，現在右壁所立石像為後人自他處移入。聖府洞道教造像內容豐富，鐫刻細緻，神態各異，形象逼真，被後世學者稱為『精美的道教神像庫』。

舒成巖位於大足縣北約十公里的中敖鄉。南宋紹興年間沿山巖鑿刻道教造像五龕。民國二十六年（一九三七年），由於原有道觀已毀壞，遂在舊基上沿巖修建半邊長廊以保護神像，故又稱半邊廟。

第一號龕造於南宋紹興年間。主像為東嶽大帝之夫人『淑明皇后』，頭戴鳳冠，像貌端莊，坐於龍頭靠椅之上。兩側各立一位男侍，頭戴軟脚幞頭，身著窄袖袍服，兩侍均雙手捧盒。龕左壁為一武將，身著甲冑，雙手拄劍而立。右壁為一老年女侍，面容慈祥，雙手抱一嬰兒，作前送狀。龕外刻有造像記一則，落款為『癸酉紹興二十三年三月十二日工畢』，『道土王田之建祠』。

第二號龕為『東嶽大帝』，其像莊嚴肅穆，頭戴平頂無旒冠，身著圓領寬袖長袍，雙手於胸前捧圭，坐於雙鈎雲頭靠椅上，左、右兩側各有侍女和男侍二人。龕正壁兩側上部有碑文，落款為『壬申紹興二十二年九月二十二日』，並有『都作伏元俊、伏元信，小作吳完明鎸龕』字樣。

三號龕為『紫微大帝』，其服飾與東嶽大帝基本相同，主像兩側各有一位神將，左神將三頭六臂，右神將一頭四臂，手持法器作降龍狀。龕左壁造有二像，內側一男像執劍，外側一侍女抱印。龕內有題記一則，已部分毁損，殘存字樣有『紫微院事王某』。

四號龕為『三清』神像，正中為元始天尊，左為靈寶天尊，右為道德天尊，皆束髮肅穆，頭戴蓮花冠，身著斜領寬袖長袍，坐於束腰四方臺上。龕後壁刻有『三清古洞』，左壁有碑記一則，記為明萬曆八年（公元一五八〇年）重新裝修。五號龕為玉皇大帝，龕左側有碑，碑文云：『玉皇典崇大帝，□以祈恩乞福，保壽終年，族聚榮昌，果勝善果。今已同備，龕洞儼然，刻石銘碑，以貽後世云以耳。時以海元癸亥紹興十三年五月初一日開工，至二十六日乃畢。』後落『王舉修撰珠黎奉命書伏轔鎸龕』。主像為玉皇大帝，兩側有宮女、侍從若干人，龕左壁有供養人三位，右壁有供養人二位，皆拱手而立。舒成巖造像，亦為不可多得的道教藝術珍品。

元、明之時，道教文化的發展漸趨式微，中國的宗教雕刻藝術從總體來看，也呈現没落的趨勢。因此，道教石刻造像的數量逐漸減少，其造像水平已大不如前。元代的道教石刻造像，可以以山西石窟為代表。

龍山石窟位於山西太原市西南二十公里的龍山山巔，為元初全真教道士宋德方主持開鑿。山上原有元代修建的昊天觀，現已毀損，在觀址旁邊的巨石上刻有道教造像八龕（其中一龕為泥塑像），現在基本保存完好。八龕像為虛皇龕，道教尊神『三清』龕，刻有披雲子宋德方本人卧像的卧如龕，玄真龕，三天法師龕，七真龕，兩座辯道龕，共有四十餘尊造像，龕頂雕有鳳凰和蓮花圖案，壁上有元代題記。龍山石窟雕工樸實，其人物形象、服飾和臺座裝飾皆為元代樣式，具有濃郁的時代特點。

明代的道教造像，隨着中國古代宗教石刻藝術大勢的衰落，質量好的石刻作品已不多見，這裡試舉四川瀘縣玉蟾山和安岳縣三仙洞的石刻造像為例。玉蟾山為川南的風景名勝之地，沿山巖鑿有佛、道教造像七十一龕，共四百一十一尊石像，除個別為宋代和清代的外，絕大部分是明代造像。巖上現留有『永樂二十二年』、『景泰六年』、『弘治三年』、『正德二年』、『嘉靖已亥（嘉靖十八年）』、『天啟乙丑（天啟五年）』等明代題刻年號。其中，有道教天官、土地、三官神、閻王、玉皇大帝、雷公、神將、山神等石刻。玉皇大帝之像用一巨石雕成，神態威嚴，形象高大，儼然一副法力無邊的天庭帝王尊像。玉蟾山造像，人物比例適當，形態生動自然，刻工細膩，技法嫻熟，在明代的石刻造像中實為少見。

安岳縣高昇鄉的三仙洞，原名龍門觀，明代時沿山巖開鑿石窟六個，現石窟左側有明天啟元年（公元一六二一年）《龍門觀增建勝景記》碑一座，云：『道人李煥宗復鑿儒釋道三教合奉一堂。』有道教的元始天尊、三清造像，皆頭戴蓮冠，身著道服，面有長鬚，趺坐於蓮臺之上。元始天尊的蓮臺之下有一威猛的大石獅托座，項後有橢圓形火焰邊光與身光，頭光中環形雕有坐姿真人若干名。另有三教合一龕，沿正壁造像五尊。

中間三尊居中為太上老君，右側為孔聖人，左側為釋迦牟尼佛，窟壁兩邊造有諸天神將、十八羅漢等。在巖壁下層，雕鑿有治理地獄的十殿閻王。三仙洞的石刻造像，反映了中國古代社會後期儒、釋、道三教合一的客觀社會思潮。

從以上的論述可以看出，中國西部的道教石刻造像，淵源於漢魏之時，南北朝時期在佛教造像的影響之下，出現了少量的道教造像，歷經南北朝後期和隋代的發展，至唐、宋時代達到道教造像的鼎盛階段，不少造像作品堪稱中國宗教藝術的精品，其造像傳統，一直綿延到元、明、清各代。歷史久遠，數量衆多，形式多樣，實為中國宗教文化的瑰寶。

## （二）道教石刻造像的題材內容

道教作為中國本土的民族宗教，神仙信仰乃其最大特徵。按照道教的教義，『神』是指先天之聖，如道教的最高尊神元始天尊、太上老君、靈寶天尊、玉皇大帝、斗姆元君、三官大帝、北斗星君等；『仙』是指天地開闢以後修道長生的真人，如張天師、葛仙翁、吕洞賓、三茅真君等，從東漢中期創教開始，經長期的歷史發展，道教逐漸形成一龐大複雜的神仙系統。其中既有先秦時代的天帝、鬼神信仰內容，又有歷代王朝祭祀的對象和民間諸神，還有道教自己的天尊和神人，另外還有部分佛教系統的神祇，以及中國歷史上的聖人與英雄。

由於道教歷史悠久，教派衆多，不同的教派崇奉不同的神靈，因此在道教歷史發展的前期，出現許多具有不同名稱、地位不確定的天神和真人，這種狀況在南北朝時的陶弘景所撰的《真靈位業圖》中即有明確的反映。

道教的石刻造像，是道教信仰者運用雕刻藝術的表現形式，來表達其特有的神仙信仰的宗教內容，宣傳其以道、德為主要內容的教義宗旨，以體現道教諸神的神通和尊嚴，使信衆『至誠供養，隨心獲福』，（見《太上洞玄靈寶國王行道經》）形成道教神像和信仰者之間特有的宗教情感的交流，以取得廣大民衆皈依。中國西部的道教石刻造像，前後歷時一千多年，神仙衆多，題材新穎，以大量具體生動的藝術形象，表現了道教神仙世界的豐富內容，同時也真實地反映了道教神系演變發展的歷史情形。

老君，又稱太上老君，是道教的最高尊神之一，在中國歷史上受到民衆的廣泛信奉，這是道教石刻造像中出現得最多的形象。諸如四川綿陽西山玉女泉的隋代造像、安岳玄妙觀的唐代造像、大足南山的宋代造像、山西太原龍山的元代石窟、雲南昆明龍門的明清石刻造像之中，都有老君之像；可以説，凡是具有代表性的道教石刻造像之處，幾乎都有太上老君的形象。從歷史上考察，太上老君的神形實際是根據先秦時代老子的形象演變而成的。據司馬遷《史記》記載，老子原是周王朝的守藏室史，後來見周之衰，乃辭職西去，不知所終，著有道、德上下篇五千餘言留傳於世。

兩漢之際流行黃老之道，先是崇奉黃帝，後逐步過渡為崇奉老子。漢代益州太守王阜作《老子聖母碑》云：『老子者，道也，乃生於無形之先，起於太初之前，行於太素之元，浮遊六虛，出入幽冥，觀混合之未別，窺清濁之未分。』將『道』人格化為老子。陳相邊韶《老子銘》亦云：『道成仙化，蟬蜕渡世。自羲黃以來，世為聖者作師。』東漢末張陵創立五斗米道，造作道書，自稱出於太上老君口授，以《老子五千文》為經典，尊老君為教主。

相傳為三天法師張道陵所作的《老子想爾註》云：『一者道也』，散形為氣，聚形為太上老君，常治崑崙，或言虛無，或言自然，或言無名，皆同一耳』。從此，老子神化為道教教祖，長期受到人們的尊奉。魏晉時葛洪所著的《抱朴子》對老君形象作了具體描述：身長九尺，黃皮膚，高鼻樑，嘴尖長如鳥喙，眉長五寸，耳垂齊肩，額有三紋，足有八卦，着五色雲衣，住金樓玉堂，青龍、白虎、朱雀、玄武隨從四周，出行時雷聲隆隆，電光閃閃，儼然一副最高尊神的威嚴模樣。北魏時寇謙之改革天師道，也以太上老君為教主，宣稱得到老君法旨，『清整道教，除去三張僞法』。

《魏書·釋老誌》對老君的顯赫神位作了如下總結：『先天地生，以資萬類。上處玉京，為神王之宗，下在紫微，為飛仙之主。』已成為當北方道教神王和飛仙的最高天神。

唐代帝王尊崇道教，將老子奉為先祖，立廟祭祀。唐高宗乾封元年（公元六六六年）封老君為『太上玄元皇帝』，唐玄宗天寶十三年（公元七五四年）又上尊號為『大聖祖高上大道金闕玄元天皇大帝』，並令天下諸州普建玄元皇帝廟。由此確定了太上老君在全國道教的最高教主地位。至宋代，道教最高尊神『三清』體系確立，太上老君在『三清』中位居第三。雖然如此，他在道教神系中却具有相當特殊的地位。

從古至今，衆多道教信徒都相信太上老君是『無上大道』的化身，是永世常存、分身救世的至尊天神，這是道教的根本信仰。現在，中國各地仍然保存着許多老君廟、老君殿等，專門供奉太上老君的神像。

在中國的石刻道教造像中，尤其是早期的道教造像，有大量『天尊』的形象。譬如四川的玉女泉、劍閣鶴鳴山、丹稜龍鵠山、仁壽牛角寨、山西運城等地，時限從南北朝後期至隋、唐之時，均普遍存在。由此可見，在這段時期之中，對於天尊的崇拜是一種比較廣泛的道教信仰。這種宗教現象，從該時期的歷史文獻中亦可得到證明。《隋書·經籍誌》云：自北魏武帝時起，道士便『刻天尊及諸仙之像，而供養焉』。《周書·宣帝本紀》：『大象元年（公元五七九年）初，復佛像及天尊像。』唐初盧照鄰曾居蜀，據其記述，隋朝開皇年間，益州至真觀『有天尊、真人石像，大小萬餘軀』，（《全唐文》卷一百六十七）由此可見該時期的天尊信仰是何等興盛。應予指出，這一時期所造的天尊神像，大多數是沒有名稱的，在衆多的石刻題記中，僅云『造天尊像一鋪』或『敬造天尊』多少，並且在鐫刻的形象上也沒有多大的區別。

這表明該時期的『天尊』實是信衆對道教最高尊神的泛稱。至於後來道經記載的十種天尊名號，如自然、無極、大道、太上、道君、玉帝等，（見《雲笈七簽》卷三）是唐末五代以後才出現的，在早期的道教造像中沒有這些名稱。

南北朝時出現具有名號的天尊，最著名者為『元始天尊』。南朝道教上清派的著名道士陶弘景著有《真靈位業圖》，這是在道教歷史上首次正式編撰龐大的道教神仙系統。該系統的神系共有七個階位，其中第一階位中的中位即是『虛皇道君應號元始天尊』，而為張陵天師道和北朝寇謙之的新天師道所崇奉的『太上老君』却被降至第四中位，這清楚地表明道教上清派的神學信仰，即『元始天尊』應是道教最高尊神。不過，上清派的神系並未得到當時北方天師道的承認。南、北統一以後，『元始天尊』的信仰才在社會各階層逐漸普及。《隋書·經籍誌》云：『元始天尊生於太無之先，稟自然之氣，沖虛凝遠，莫知其極……常存不滅。每至天地初開，或玉京之上，或在窮桑之野，授以秘道，謂之開劫度人……所度皆天仙上品，有太上老君、太上丈人、天真皇人、五方天帝及諸仙官。』這反映了隋和唐初的道教信仰狀況。

據《茅山誌》記載，唐太宗時曾為茅山道士王遠知造玉平觀，『又於內殿為文德皇后造元始天尊像一軀，二真夾侍』。

但是由於唐代帝王崇奉老子，因此元始天尊的神靈地位實際並未在太上老君之上。考察中國西部的唐代石刻道教造像，可以發現，太上老君單獨成龕的比較多，例如四川安岳玄妙觀造像，七十多個龕窟中最大者即是老君龕。或者是老君與天尊並列一龕。老君像為趺坐姿，一手執扇。元始天尊則既有趺坐姿，又有站姿，一般手施印勢。如劍閣鶴鳴山的天尊造像，即為站姿，手施無畏印。而老君與元始天尊的側邊多為女真與脅侍。

宋代的道教造像之中，各地大多出現了元始天尊、靈寶天尊與道德天尊共為一龕的『三清』造像。例如大足南山著名的三清古洞，舒成巖的三清龕等。說明道教神系的『三清』最高尊神地位已經正式確立。這在同期的道教經典中也可得到證明：北宋賈善翔的《太上出家傳度儀》所列的神系，即首先為三清；南宋金允中《上清靈寶大法》所供奉的諸真神靈也首先列為虛無自然元始天尊、太上道君洞玄靈寶天尊、太上老君洞神道德天尊。三清之中的靈寶天尊，原稱太上道君，《九天生神玉章經註》中稱為『上清天尊』，在三清造像中一般位於元始天尊的左邊，手執如意。

三清尊神是道教哲理『三一』說的象徵。《老子道德經》說：『道生一，一生二，二生三，三生萬物。』意思是無上大道化生為宇宙的混沌元氣，由宇宙元氣化生為陰、陽二氣，再由陰陽二氣衍化為天、地、人三才，由此產生天下的萬事萬物。一化為三，三即是一，因此『三清』尊神就是道的人格神化，也就是道經所說的『一氣化三清』。道教認為，三清住三天三仙境，各為『三洞教主』。元始天尊主洞真部，靈寶天尊主洞玄部，道德天尊主洞神部，故三清神又是道教三洞真經的神化表象。自唐末兩宋以後，即成為道教各派尊奉的最高尊神。

『四御』是道教天界中輔佐『三清』的四位天帝。他們的全稱是：一、昊天金闕至尊玉皇大帝；二、中天紫微北極太皇大帝；三、勾陳上宮南極天皇大帝；四、承天效法后土皇地祇。四御之中，地位最高的是玉皇大帝。隋唐以前，玉帝的地位並不高，在南朝的《真靈位業圖》中，僅排在玉清三元宮右位第十一和十九的位置。

宋代帝王神化其遠祖趙玄朗，稱其受玉皇之命下界『撫育蒼生』，故在真宗時封玉帝為『太上開天執符御曆含真體道玉皇大天帝』。雖然在正規的道教神系中，玉帝的地位不及三清，但在民間的道教信仰中，玉皇大帝總管天神、地祇、人鬼三界並十方、四生、六道，實際成為天庭的最高皇帝。

相傳紫微大帝僅受玉皇大帝的支配，統率三界星神和山川諸神；勾陳南極大帝協助玉皇執掌南北二極和天地人三才，並主持人間兵革之事；后土神原為男性，在唐、宋以後逐漸演變為女神。據杜佑《通典》記載，汾陰后土祠即為女神塑像。道經稱后土神執掌陰陽生育、萬物之美與大地山河之秀。

從道教神系發展的整體來看，四御的形成有一個歷史過程。唐代已有崇奉『三清』的現象，但尚無『四御』出現。唐末杜光庭編撰的《道門科範大全集》叙述齋醮時所敬諸神，三清尊神以下所列的神仙有三十六天帝君、玉虛上帝、東華、南極、西靈、北真、玄中大法師等，這些神祇與宋代的四御體系差別很大。

北宋的《太上出家傳度儀》在三清之後所列諸神為：十極高真、玉皇大天帝、紫微北極大帝、后土皇地祇、聖祖天尊大帝、天元大聖后、三十二天帝君等，這裡已有四御的雛形。南宋時編成的《無上黃籙大齋立成儀》在三清後面排列了六位天帝，依次為：統御萬天的玉皇大帝，統御萬雷的勾陳大帝，統御萬星的紫微大帝，統御萬類的青華大帝（或作東極太乙救苦天尊)，統御萬靈的長生大帝，統御萬地的后土皇地祇。這六位天帝，道經稱之為『昊天六御宸尊』，是為『四御』形成之前的『六御』尊神。

現存的四川道教石刻造像：大足舒成巖造像有玉皇上帝、紫微大帝、東嶽帝君、東嶽淑明皇后四位尊神；南山三清古洞內三清神下面有六位神，四位天帝和兩位元君。據考證，四位天帝為玉皇大帝、紫微大帝、勾陳大帝與長生大帝，兩位女神分別為后土皇地祇和金母元君（即西王母）。

這些珍貴的歷史資料有力地說明，當時的四御尊神還沒有定型，尚處在由『六御』向『四御』演變的過程之中。後來為了符合道經四輔（太清、太玄、太平、正一）的分類，去掉六御中的青華大帝和長生大帝，才形成正式的四御格局。元初編成的《修真十書》所收《丹訣歌》說：『九九道成成至真，三清四御朝天節』。說明道教的三清、四御體系在南宋後期才正式形成。

三官大帝也是道教石刻造像中的重要題材內容。三官即天官、地官、水官，源於古代的自然崇拜。東漢後期張魯在四川北部建立『五斗米道』的政教合一政權，即吸收巴蜀地區的民間信仰，奉天、地、水三官為主宰人間禍福的大神。

據《三國誌·張魯傳》記載，張魯的五斗米道有為病者請禱的法術，即作書三通，上寫病者姓名與謝罪之意，一張放置山巔，一張埋於地，一張沉於水，稱為『三官手書』。後來民間一般認為天官賜福，地官赦罪，水官解厄，又稱為『三元大帝』。大足峰山寺的一龕宋代鐫刻的三官造像，正壁刻造三官，均頭戴垂旒冠冕，身著袍服，雙手捧笏，神態威嚴，是宋代道教造像的珍品。

除此之外，道教石刻造像之中還有許多民間信仰的神仙，諸如川主、竈王、城隍、判官、雷公、電母、千里眼、順風耳、三聖母、炳靈太子以及應感天尊、救苦天尊、保命天尊等，反映了中國古代社會民間道教信仰的廣泛性。

特別值得一提的是，在道教造像之中還有為紀念創教祖師而鑿造的石窟。如太原龍山的石窟造像，其中有天師道三天法師張道陵、全真教的七真（即馬丹陽、丘處機、譚處端、劉處玄、王處一、郝大通、孫不二）以及主持刻像的全真道龍門派十八宗師之一的宋披雲。修造該窟的目的，即是為道教玄門列祖刻石立像，以此弘揚全真道。龍山石窟對研究金、元的道教歷史具有重要的學術價值。

中國的道教石刻造像，不僅具有深刻的宗教內容與重要的歷史研究價值，由於它採用的是直觀感人的雕塑藝術形式，因此也屬於中國藝術史的範疇。早期道教造像無論是龕窟形制，還是人物形象與裝飾物，大多借鑒和吸收佛教造像的藝術手法，這是歷史事實。

但在南北朝後期至初唐以後，則廣泛地吸收了中國傳統的造型藝術，逐漸脱離了佛教造像的巢臼，在盛唐、宋代以及金、元、明、清皆形成道教石刻造像自身的藝術風格和特徵。

由於中國歷史上各個時期的社會環境不同，因此各個時代人們的藝術欣賞習慣和審美觀念也不相同，由此形成各個時代道教藝術的不同風格和特徵。

# 後記

中華道學文化，歷史悠久，內容豐富，而影響中國之歷史者至為深鉅，此乃有識者之所共鑒。壬申歲，余與四川大學李剛君、成都體育學院郝勤諸君籌建四川道家文化研究所，即思以其綿力編纂道學文化叢書，旨在客觀介紹道學文化知識，為弘揚民族文化作一鋪路墊石之工作，後因諸緣未備，未克遂願。

光陰荏苒，至癸酉歲中，四川道學實踐家薛永新先生為民族文化作深遠計，倡導與四川省社會科學院聯合創辦道學文化研究中心，於是此事得以再次提上議事日程。後由社科院譚洛非副院長與業師王家祐先生共同董理其事，經郝勤君多方奔走聯繫出版諸事宜，四川人民出版社孫旭軍先生之鼎力支持，李剛君、甘紹成君、沙銘壽君、楊光文君、張澤洪君與王慶餘先生、曠文楠先生共同友好合作，歷時年餘，道學文化系列竟獲殺青付梓。《老子道德經》云：『同於道者，道亦樂得之；同於德者，德亦樂得之。』此斯之謂乎！

余弱冠從王家祐先生研習道教之學，至今二十餘年；因才性駑拙，研習不深，有負業師之望；或間有發現，亦為先生之教也。此次道學文化系列之編纂，蒙諸先生不棄，餘得忝列其中，亦了前之夙願。只是近月事冗時促，匆忙之間完成這本小書，研究無多，實在汗顏，還望讀者諸君有以教之。

此書之得以完成，端賴業師家祐先生之教，又承聚仁兄提供部分圖片，內子鄭水坤全力料理家務，與前所支持、合作之諸君，一併在此致以熱忱謝意。

四川省社會科學院　黃海德　謹識

甲戌谷雨

國家圖書館出版品預行編目資料

天上人間 ： 道教神仙譜系 / 黃海德編著.--
初版. -- 臺北市 ： 大展, 民 89
面 ；21 公分. -- （道學文化；3）
ISBN 957-468-010-X（平裝）

1. 道教 2. 神仙

239 89007846



**天上人間：道教神仙譜系** ISBN 957-468-010-X

編 著 者 / 黃 海 德
發 行 人 / 蔡 森 明
出 版 者 / 大展出版社有限公司
社 址 / 台北市北投區（石牌）致遠一路 2 段 12 巷 1 號
電 話 / （02）28236031・28236033・28233123
傳 真 / （02）28272069
郵政劃撥 / 01669551
網 址 / www.dah-jaan.com.tw
E - mail / service@dah-jaan.com.tw
登 記 證 / 局版臺業字第 2171 號
承 印 者 / 高星印刷品行
裝 訂 / 協億印製廠股份有限公司
排 版 者 / 千兵企業有限公司
初版 1 刷 / 2000 年（民 89 年） 8 月
初版 2 刷 / 2004 年（民 93 年） 7 月

定價 / 250 元

# 一億人閱讀的暢銷書！

## 4 ～ 26 集　定價300元　特價230元

**品冠文化出版社**

地址：臺北市北投區
致遠一路二段十二巷一號
電話：〈02〉28233123
郵政劃撥：19346241